essentials

Essentials liefern aktuelles Wissen in konzentrierter Form. Die Essenz dessen, worauf es als „State-of-the-Art" in der gegenwärtigen Fachdiskussion oder in der Praxis ankommt, komplett mit Zusammenfassung und aktuellen Literaturhinweisen. Essentials informieren schnell, unkompliziert und verständlich

- als Einführung in ein aktuelles Thema aus Ihrem Fachgebiet
- als Einstieg in ein für Sie noch unbekanntes Themenfeld
- als Einblick, um zum Thema mitreden zu können.

Die Bücher in elektronischer und gedruckter Form bringen das Expertenwissen von Springer-Fachautoren kompakt zur Darstellung. Sie sind besonders für die Nutzung als eBook auf Tablet-PCs, eBook-Readern und Smartphones geeignet.

Essentials: Wissensbausteine aus Wirtschaft und Gesellschaft, Medizin, Psychologie und Gesundheitsberufen, Technik und Naturwissenschaften. Von renommierten Autoren der Verlagsmarken Springer Gabler, Springer VS, Springer Medizin, Springer Spektrum, Springer Vieweg und Springer Psychologie.

Marcel Schütz • Heinke Röbken

Bachelor- und Masterarbeiten verfassen

Abschlussarbeiten in Organisationen

Marcel Schütz
Organisationssoziologie
Universität Oldenburg,
Oldenburg
Niedersachsen
Deutschland

Heinke Röbken
Institut für Pädagogik
Universität Oldenburg,
Oldenburg
Niedersachsen
Deutschland

ISSN 2197-6708 ISSN 2197-6716 (electronic)
essentials
ISBN 978-3-658-12345-1 ISBN 978-3-658-12346-8 (eBook)
DOI 10.1007/978-3-658-12346-8

Die Deutsche Nationalbibliothek verzeichnet diese Publikation in der Deutschen Nationalbibliografie; detaillierte bibliografische Daten sind im Internet über http://dnb.d-nb.de abrufbar.

Springer Gabler
© Springer Fachmedien Wiesbaden 2016
Das Werk einschließlich aller seiner Teile ist urheberrechtlich geschützt. Jede Verwertung, die nicht ausdrücklich vom Urheberrechtsgesetz zugelassen ist, bedarf der vorherigen Zustimmung des Verlags. Das gilt insbesondere für Vervielfältigungen, Bearbeitungen, Übersetzungen, Mikroverfilmungen und die Einspeicherung und Verarbeitung in elektronischen Systemen.
Die Wiedergabe von Gebrauchsnamen, Handelsnamen, Warenbezeichnungen usw. in diesem Werk berechtigt auch ohne besondere Kennzeichnung nicht zu der Annahme, dass solche Namen im Sinne der Warenzeichen- und Markenschutz-Gesetzgebung als frei zu betrachten wären und daher von jedermann benutzt werden dürften.
Der Verlag, die Autoren und die Herausgeber gehen davon aus, dass die Angaben und Informationen in diesem Werk zum Zeitpunkt der Veröffentlichung vollständig und korrekt sind. Weder der Verlag noch die Autoren oder die Herausgeber übernehmen, ausdrücklich oder implizit, Gewähr für den Inhalt des Werkes, etwaige Fehler oder Äußerungen.

Gedruckt auf säurefreiem und chlorfrei gebleichtem Papier

Springer Fachmedien Wiesbaden ist Teil der Fachverlagsgruppe Springer Science+Business Media (www.springer.com)

Im Sinne der Schriftökonomie wird auf eine gesonderte Geschlechtsmarkierung verzichtet. Neben neutralen Formulierungen (z. B. Studierende) wird das gen. Maskulinum verwendet, das – Wie könnte es anders sein? – Frau und Mann zugleich kennzeichnet.

Was Sie in diesem Essential finden können

- Hinweise zu Besonderheiten von Abschlussarbeiten in Organisationen
- Überblick zu Vorbereitung und Durchführung entsprechender Projekte
- Hilfestellung bei der Planung der Arbeit
- Orientierung bei der Auswahl von Forschungsmethoden
- Informationen zur Gestaltung einer wissenschaftlichen Arbeit

Vorwort

Bücher zu Abschlussarbeiten gibt es viele. Informationen zu Arbeiten in Organisationen werden darin unter allgemeinen Aspekten betrachtet. Abschlussarbeiten mit einem betrieblichen Bezug sind bei Studierenden sehr beliebt. Praktika und Werkstudentenjobs gibt es in den meisten Organisationen verbunden mit der Option, die eigene Abschlussarbeit zu schreiben.

Die Abschlussarbeit in einem Unternehmen, einer sozialen Einrichtung oder einer Behörde weist Besonderheiten der Bearbeitung auf, die mit dem vorliegenden Text knapp skizziert werden. Der Leitfaden kann für diverse Studiengänge aller Hochschultypen genutzt werden und eignet sich gleichermaßen sowohl für Absolventen grundständiger als auch dualer und weiterbildender Studiengänge.

Ansatz unserer Einführung ist es, aus der Betreuungs- und Lehrpraxis einige Impulse zu bieten. Natürlich ist das Unterfangen gewagt, studienspezifische Besonderheiten von Betriebswirten, Pädagogen oder Soziologen unter einen Hut zu bekommen. Mit dem Studienfach gehen Differenzierungen hinsichtlich der Sicht auf Organisationen einher. Wir werden auf Unterschiede hinweisen, wollen aber die Gemeinsamkeiten betrieblicher Qualifikationsarbeiten herausstellen.

Das Essential soll dem Umstand Rechnung tragen, dass für einen Großteil von Studierenden eine längere praktische Arbeits- und Studienphase außerhalb der Hochschule relativ neue Erfahrungen mit sich bringt. Der knappe Abriss ist das komprimierte Ergebnis eigener Organisationsanalysen, der Betreuung von und des Austauschs mit Studierenden.

Wie der Text zum Einsatz kommt, bleibt seinen Lesern überlassen; etwa als Begleitlektüre für Abschlusskolloquien. Er ist nicht als Katalog von „Richtlinien", sondern als Angebot zur Orientierung zu verstehen. Schließlich geht es darum, Interesse für die spannende und überraschende Vielfalt dessen zu wecken oder zu bestärken, was wir tagtäglich selbstverständlich „Organisation" nennen. Wir freuen uns über Rückmeldungen.

Oldenburg, Dezember 2015　　　　　　　　　Marcel Schütz und Heinke Röbken

Inhaltsverzeichnis

1 **Der Weg zur Abschlussarbeit und in die Organisation** 1
   1.1 Betriebliche Abschlussarbeiten 1
   1.2 Allgemeine Aspekte 3
   1.3 Bewerbungswege und organisatorischer Rahmen 6

2 **Die Vorbereitung** 11
   2.1 Arbeitsgrundlage und Zielsetzungen 11
   2.2 (K)eine Qual bei der Wahl: Themensuche 14
   2.3 Empirische und theoretische Aspekte 16
   2.4 Begriff der Organisation 18
   2.5 Besonderheiten der Studiengänge 19

3 **Durchführung und Betreuung der Arbeit** 21
   3.1 Betreuungsformen und Ansprechpartner 21
   3.2 Präsenz im Betrieb 22
   3.3 Sonderfall: Kooperative Abschlussarbeiten 24

4 **Der Forschungsprozess im Überblick** 25
   4.1 Die Wahl der Methoden 27
   4.2 Erhebungsphase und Dokumentation 29

5 **Der Arbeitsabschluss** 35

6 **Vom souveränen Umgang mit Fassaden – und der Praxis des praktischen Nutzens der Arbeit** 39

Was Sie aus diesem Essential mitnehmen können 41

Literatur 43

1 Der Weg zur Abschlussarbeit und in die Organisation

1.1 Betriebliche Abschlussarbeiten

Diplom-, Bachelor- und Masterarbeiten in Unternehmen oder sonstigen Einrichtungen werden auch als „externe Abschlussarbeiten" bezeichnet. Allerdings ist diese Einordnung missverständlich, denn schließlich gelten hier Maßstäbe wie für jede andere Abschlussarbeit. Extern ist die Arbeit dann allenfalls im (buchstäblich) „organisatorischen" Sinne.[1]

In Studiengängen, die es in irgendeiner Form mit Organisationen zu tun haben, liegt es nahe, dass ein Großteil der Studierenden Abschlussarbeiten gerne mit Bezug zur beruflichen Praxis schreiben möchte. Betriebswirte und Ingenieure haben insbesondere Unternehmen im Blick, Pädagogen häufiger Bildungseinrichtungen. Psychologen und Soziologen interessieren sich für eine große Bandbreite an Organisationen, da sie mit recht allgemein adressierten Fragestellungen praktisch überall Anschlussmöglichkeiten finden.

Wie kommt es zur Beliebtheit betrieblich „angehefteter" Abschlussarbeiten? Zum einen ist die Abschlussphase für Studierende ein ausgesprochen relevantes Ereignis. Immerhin erfolgt die eigenständige und größere Studienarbeit, mit der ein erster oder höherer akademischer Grad angestrebt wird. Zum anderen wird mit einer Arbeit in Organisationen ein gewisser „Ausbruch" aus dem bereits bekannten

---

[1] Wir sprechen im Weiteren auch von „betrieblichen Abschlussarbeiten". Im allgemeinen Sprachgebrauch sind damit sämtliche Organisationen gemeint und nicht etwa nur Unternehmen. Jede Form der Arbeitsorganisation ist zugleich auch Betrieb. Dies gilt gleichermaßen für Krankenhäuser, Schulen, Behörden, Kirchen oder Unternehmen. Der Betrieb „lebt" von Darbietungen der Dienstleistung oder Produkten, und er beruht auf Mitgliedschaften in Form von Arbeitsverhältnissen oder zumindest Mitgliedschaften auf der Basis von Interessen, Neigungen, Anschauungen (Vereine, Verbände, Parteien). Es besteht eine Ablauf- und Aufbauorganisation, die – in welcher Weise auch immer – eine formale Ordnung aufweist.

© Springer Fachmedien Wiesbaden 2016
M. Schütz, H. Röbken, *Bachelor- und Masterarbeiten verfassen*, essentials,
DOI 10.1007/978-3-658-12346-8_1

Umfeld gewagt. Und nicht zuletzt wittern viele Absolventen dank dieser Wege potenzielle Kontakte zu Arbeitgebern für die Zeit nach dem Studium.

Auch wenn akademische Qualifikationsarbeiten nicht primär dazu gedacht sind, berufliches „Networking" und damit Investitionen in die existenzielle Zukunft zu tätigen, ist anzuerkennen, dass Abschlussarbeiten für individuelle Karriereabsichten in den vergangenen Jahren an Bedeutung gewonnen haben. Ersichtlich ist auch, in welchem Maße das „Hochschulmarketing" der Arbeitgeber für viele Studierende ein wichtiges Thema darstellt.

Natürlich strahlt die sogenannte „Organisationsgesellschaft"[2] gerade für Berufsanfänger viele Reize aus. Organisationen sind sozial omnipräsent und kaum eine fachliche Spezialisierung ist heute noch außerhalb der Vergemeinschaftungs- und Zweckerfüllungsform Organisation denkbar. Schließlich mündet jede Selbstständigkeit über kurz oder lang wieder in Organisationsformen. Auch wenn es banal klingen mag, so ist der Kern der Feststellung äußerst folgenreich: Die „Organisationsgesellschaft" kennt keine Gesellschaft ohne Organisationen.

Bei aller Praxisnähe und -relevanz betrieblicher Arbeiten ist zu sehen, dass Qualifikationsschriften in erster Linie der Wissenschaft dienen. Eine „praktisch" gelagerte Arbeit kann also nicht in der Form verstanden werden, dass damit Abstriche im wissenschaftlichen Anspruch einhergehen (dürften). Mag die „Praxis" der „praktischen" Abschlussarbeiten gelegentlich anderes wahrscheinlich machen, halten wir in dieser Einführung einen Forschungsanspruch für unabdingbar.

Die gelegentlich anzutreffende Auffassung, Arbeiten in Organisationen ließen sich leichter mit einem sparsam gebrauchten wissenschaftlichen Stil vereinbaren, sollte frühzeitig verworfen werden. Sie ist ein Mythos und kann nur mit der Absicht einhergehen, von vornherein mit „schlankem Fuß" ein als lästig empfundenes „Übel" hinter sich bringen zu wollen. Weder Organisationen außerhalb der Wissenschaft noch Hochschulen und ihre Absolventen selbst werden davon profitieren. Der Preis entsprechender Minimalstrategien wird mit einem mehr oder minder offen eingestandenen Scheitern bezahlt werden müssen.

Betriebliche Arbeiten sind daher ohne Abstriche Abschlussarbeiten gewohnter Art. Sie begründen keine Sonderform, keine Zugeständnisse in Forschungsstandards oder Zitierweise. Dies heißt keineswegs, dass nicht Anpassungen hinsichtlich des jeweiligen Leserkreises, der Themengestaltung und etwaiger „Nebenpro-

---

[2] Der Bremer Soziologe Uwe Schimank beschreibt es so: „Erst die moderne Gesellschaft ist wahrhaft eine Organisationsgesellschaft. Unternehmen, staatliche Verwaltungen, Schulen und Hochschulen, Krankenhäuser, Gerichte, Forschungsinstitute, das Militär, Kirchen, Museen, Zeitungen, Fernsehsender, politische Parteien, Verbände, Genossenschaften, Vereine. Diese Auflistung ist auch ohne Bemühen um Vollständigkeit schlagend." (2001, S. 278).

dukte" der eigenen Untersuchung erforderlich oder wünschenswert sind. Eben darum lohnt es, Besonderheiten betrieblicher Abschlussarbeiten näher zu betrachten.

1.2 Allgemeine Aspekte

Betriebliche Arbeiten lassen sich zunächst nach jeweiligen Organisationstypen (Unternehmen, Behörde, Schule etc.), nach ihrer Thematik (Prüfung eines Verfahrens, Platzierung eines Produktes, Marktanalyse, Implementierung von Software etc.) oder nach der gewählten Forschungsmethodik unterscheiden.

Wie für jede wissenschaftliche Arbeit sind theoretische und empirische „Sättigungen" mit wissenschaftlicher Information unverzichtbar. Zugang zu Ressourcen bieten die gängigen Angebote der Bibliotheken oder der fachspezifischen Medien. Erste Besonderheiten ergeben sich beim Zugriff auf betriebsinterne Informationen und „graue Literatur". Diese umfasst Dokumente, die nur einer begrenzten (internen) Öffentlichkeit zur Verfügung stehen.

Für werdende Absolventen, die sich für eine Arbeit in einer Organisation entscheiden, ergibt sich ein gewisser Spagat zwischen Hochschule und Betrieb. Betriebsseitig ist mit Fragen, Wünschen und Zielsetzungen zu rechnen, die auf eine wie auch immer geartete Verwertbarkeit der Abschlussarbeit sowie der damit verbundenen Tätigkeit im jeweiligen Betrieb abzielen. Mit Blick auf das Hochschulumfeld werden über Studienordnungen, begleitende Kolloquien, Prüfer und wissenschaftliche Standards ebenfalls Erwartungshaltungen an Studierende adressiert. Die Leistung soll sich nach wissenschaftlichen Kriterien als „vernünftig" und „angemessen" erweisen, wobei sich die jeweiligen Bewertungsmuster von Fach zu Fach unterscheiden können. Dies erschwert die Berechenbarkeit auf Seiten des Betriebs hinsichtlich Studierenden, Fächern und Themensetzungen. Der Betrieb, der Zugang zu seinen Interna gestattet, kann nicht mit Sicherheit davon ausgehen, dass beabsichtigte Ziele einer solchen Kooperation tatsächlich erreicht werden.

Insofern können Qualitätsansprüche von Seiten der Organisation und jener der Wissenschaft divergieren. Von Anbeginn ist für angehende Absolventen die Herausforderung zu meistern, sich über etwaige Diskrepanzen Klarheit zu verschaffen und jeweilige Anspruchsgruppen mit angepasster Kommunikation zu bedienen.

Wird ignoriert, dass man zwei sehr verschiedenen Systemen gerecht zu werden versucht, können sich unerwünschte Extremfälle einstellen. Ein Extremfall wäre es, ohne Rücksicht auf wissenschaftliche Standards eine zwar hervorragende Betriebsstudie abzuliefern, die man aber von Seiten der Prüfer nachteilig beurteilen müsste. Sicher wäre es ein nicht minder unerwünschtes Extrem, eine Arbeit zu verfassen, die in Gänze ohne Rücksicht auf jene Organisation erfolgte, welche immerhin Ressourcen und Vertrauen für eine solche Arbeit zur Verfügung gestellt hat. Entsprechende Akteure dort könnten sich „ausgenutzt" sehen und womöglich Ressentiments gegenüber künftigen Forschungsinteressenten entwickeln. Ein verständliches Anliegen wird es daher sein, gemeinsamen Nutzen nicht nur mit Worten zu beschwören, sondern auch entsprechende Gestaltungsmaßnahmen anzubieten.

Sehr beliebt ist es, sich an „Best Practice"-Ansätzen zu orientieren, denen das pauschal-positive Image anhaftet, sich auf erwiesene Erfolgsfaktoren zu stützen. Studierende und Organisationen sehen darin einen Weg, möglichst „auf Nummer sicher" zu gehen. Allerdings ist aus der Forschung bekannt, dass derartige Übereinstimmungen in den Vorstellungen und Schlussfolgerungen von Praxis und Wissenschaft nur mit Zugeständnissen und Verkürzungen zu gewinnen sind (vgl. Kieser und Nicolai 2002). Ein Grund dafür ist, dass Organisationen hinsichtlich der Praktiken, die in ihnen geschehen tendenziell unberechenbar bleiben. Eine gestern noch angekündigte Markteinführung, für die eine Studie in Auftrag gegeben wird, kann binnen kurzer Zeit wieder ad acta gelegt sein. Auch agieren Organisationen zu widersprüchlich, um sie wissenschaftlich plan- und steuerbar zu gestalten.

Ein anderes Problem bedeuten die vielen, aus der Sicht von Praktikern pedantisch erscheinenden wissenschaftlichen Interessen in Forschungsprojekten, die sich mit betrieblichen Erwartungen schwerlich vereinbaren lassen. Statt von Best Practices zu reden, erscheint es angemessener, „Möglichkeitsräume" zu skizzieren und verschiedene Wege aufzuzeigen, als Patentrezepte zu empfehlen, für die Wissenschaftler wenig Nachweis liefern können und daher pauschalieren.

Im betrieblichen Alltag spiegelt sich diese Haltung auch ganz konkret wider. Denn in Unternehmen und Verwaltungen wird fortlaufend unter Unklarheit entschieden. Managemententscheidungen sind nur in der Logik abstrahierter Lehrbücher zielgenau durchdachte Maßnahmen der Steuerung. Die Realität zeigt sich chaotischer, beliebiger und zuweilen sogar tendenziell zieloffen. Verschiedene Opportunitäten sind gegenüber jeweiligen Risiken und Nebenwirkungen abzuwägen. Jede Entscheidung gründet auf vorherigen Entscheidungen und zugleich neuen, zumindest anderen Bedingungen, die wiederum andere Ermessensspielräume befördern (vgl. Luhmann 2011).

In der Praxis betrieblicher Abschlussarbeiten kann man beobachten, dass aus wissenschaftlicher Sicht selbstverständlich erscheinende Befunde von nur begrenztem Erkenntniswert in den Augen der Organisation bedeutsame Informationen darstellen. Dies zeigt, wie verschieden Wertmaßstäbe angesetzt werden. Für Praktiker können relativ „einfache" Ergebnisse einer Arbeit als willkommene Basis für weitere Arbeiten dienen. Maßgeblich ist, was den Anforderungen vor Ort nützt, unabhängig von wissenschaftlicher Relevanz. Die Ansprüche an Erkenntniswert und Ergebnispräsentation können sich zwischen Forschung und Betrieb also

1.2 Allgemeine Aspekte

deutlich unterscheiden. Dies lohnt es bei der Arbeitserstellung zu nutzen. Denn Erwartungsdivergenz kann sozusagen als strategischer Vorteil betrachtet werden. Von vornherein lohnt es, neben wissenschaftlichen Fragen den Fokus auf adressatenspezifische Erwartungen zu lenken. Schon im Subtext von Gesprächen mit Betreuern in der Organisation lassen sich Informationsbedarfe identifizieren, die aus wissenschaftlicher Sicht womöglich nicht in den Sinn gekommen wären.

In der vorliegenden Information zu Abschlussarbeiten haben wir einen organisationsanalytisch orientierten Ansatz gewählt. Dies soll nicht bedeuten, dass darin der einzig legitime Blick auf ein Betriebspraktikum bestehen kann. Vielmehr wird im Text für eine „organisationale" Perspektive geworben, die schwerpunktmäßig auf Abläufe und Praktiken in Betrieben ausgerichtet ist.

Wir wissen, dass viele Studierende mit ihrer Abschlussarbeit Motive hinsichtlich ihrer möglicherweise weiteren Präsenz im Betrieb verbinden oder zumindest einen guten Eindruck hinterlassen wollen. Dazu kann die Einführung womöglich etwas Unterstützung bieten. Dennoch betrachten wir die Empfehlungen als Einladung in ein Organisationspraktikum für ambitionierte Studierende, die sich mit der wissenschaftlichen Gründlichkeit ihrer Arbeit beschäftigen.

Bei Bewerbungen in den ersten Berufsjahren kann erfahrungsgemäß eine anspruchsvolle Arbeit bei einem Unternehmen oder einer Verwaltung im Lebenslauf hervorragen. Natürlich ist damit nur ein erster Schritt gemacht. Abschlussarbeiten „in der Praxis" adeln nicht den Lehramtsstudierenden zum didaktischen Profi oder den Betriebswirten zum erfolgreichen Manager. Es geht darum, sich die ersten wissenschaftlichen Sporen zu verdienen.

Abschlussarbeiten unterscheiden sich quantitativ und qualitativ hinsichtlich ihrer Bearbeitungszeit, der erforderlichen fachlichen „Investition", der Ansprüche an die Originalität und der erwarteten Komplexität der wissenschaftlichen Analyse. Schon vor ihrer Abschlussarbeit kommen die meisten Studierenden über Seminararbeiten mit wissenschaftlicher Analyse in Berührung. Hervorgegangen aus dem akademischem Fachaufsatz stellen studienbegleitende Textarbeiten eine wesentliche Einübung des wissenschaftlichen Schreibens dar (vgl. Kühl 2015a).

Auch bedeuten wissenschaftliche Arbeiten in der betrieblichen Praxis ein Kontrastprogramm zu rhetorischen Floskeln und Plattitüden, die zunächst auf der „Schauseite" von Organisationen eine große Rolle spielen. Botschaften wie „Wir kommunizieren immer authentisch und leben Teamarbeit aktiv" können sich beim Praktikum in einer Personal- oder PR-Abteilung als Schönmalerei herausstellen. Sorgsame Schreiber wissenschaftlicher Arbeiten werden darauf achten, sich nicht von den Werbeslogans ihrer beobachteten Organisationen „einlullen" zu lassen.

Insofern sind einige grundsätzliche Herangehensweisen ratsam. So etwa:

- Zurückhaltung bei vorschnellen Rückschlüssen auf der Basis rhetorischer Inszenierung
- Akzeptanz gegenüber alternativen Deutungen von Verhaltensweisen
- Widersprüche innerhalb der Arbeitsabläufe entdecken
- Hinterfragen scheinbar selbstverständlicher Behauptungen
- Konfrontation interner Quellen mit wissenschaftlichen Befunden

Je mehr bestimmte betriebliche Anliegen auch um ein wissenschaftliches Profil ergänzt werden, desto gründlicher wird die gedankliche Durchdringung eines Themas gelingen und umso eher kann behauptet werden, sich in wissenschaftlicher und betrieblicher Sicht einem Thema fundiert zu widmen. Spätestens wenn bestimmte Erkenntniswege ausgeklammert werden oder die Ergebnisse der Arbeit eigentlich schon von vornherein feststehen (und man nur noch als jemand gebraucht wird, der dem Ganzen ein wissenschaftlichen „Touch" verleiht), kann nicht mehr ernsthaft von wissenschaftlicher Arbeit gesprochen werden.

Etwaige Arbeitsanforderungen, die bestimmte Erkenntnisse als „gesetzt" bestimmen und nur den betrieblichen Interessen dienliche Analysewege zulassen, müssen nicht akzeptiert werden. Sie bedeuten für den Absolventen ein größeres Risiko als für die Organisation. Aus wissenschaftlicher Sicht erscheint es angemessen solche Aufträge abzulehnen, bei denen letzte Entscheidungen über Methodik und Ergebnisbewertung nicht beim Schreiber der Arbeit liegen, sondern von der Organisation zensiert werden.

1.3 Bewerbungswege und organisatorischer Rahmen

Ausschreibungen im Internet Online-Stellenbörsen stellen heute einen beliebten Weg für Bewerbungen auf Abschlusspraktika dar. In Zeiten der Printmedien waren Angebote seltener und beinahe nur über zufällige Kontaktanlässe oder mit Anfragen „auf gut Glück" zu finden. Größere Organisationen bieten Abschlussarbeiten heute regelmäßig an und binden sie in systematische Betreuungsprogramme ein. Dauer und Ablauf der Bearbeitung im Betrieb können vorgegeben sein.

Initiativbewerbung Weitaus weniger formalisiert sind Abschlussarbeiten, die auf Initiative von Studierenden selbst zurückgehen. In diesen Fällen lohnt zuvor der Blick auf die Stellenwebsites des Betriebs, um Informationen zu etwaigen Angeboten zu recherchieren oder aber mögliche Hinweise zur Initiativbewerbung zu beachten. Zahlreiche Organisationen bieten die Option der Abschlussarbeit an. Frühzeitige Recherche ist ratsam.

1.3 Bewerbungswege und organisatorischer Rahmen

Kontakte und Kooperationen zwischen Hochschulen und Betrieben Eine weitere Möglichkeit besteht in der Vermittlung von Abschlussarbeiten über Kooperationen zwischen Hochschulen und Betrieben, direkt über Dozenten oder Fachbereiche. Gerade an Fach-, privaten und dualen Hochschulen können enge Kontakte zwischen Unternehmen und Dozenten üblich sein. In manchen Fächern und Hochschulen ist sogar eine direkte Vermittlung regelmäßig für alle Absolventen vorgesehen. Auch kombinieren insbesondere Professoren an Fachhochschulen eigene Forschungsvorhaben mit studentischen Fallstudien in Betrieben.

Berufsmessen Zugenommen hat die Bedeutung von Job- und Karrieremessen an den Hochschulen und von Seiten der Arbeitgeber. Hier werden rasche Kontaktwege nachgefragt. Das direkte Gespräch am Messestand eines Arbeitgebers kann helfen, einen positiven Eindruck zu hinterlassen und sich mit den Beratern der Betriebe auszutauschen. Natürlich können auch direkt Bewerbungen abgegeben werden.

Fortsetzung im Rahmen bestehender Praktika Eine komfortable Option besteht für Studierende, die über Praktika oder Werkstudententätigkeiten in Betrieben tätig sind. Da man bereits einen „Fuß in der Tür" hat, ist es nicht schwierig mit etwas Überzeugungskunst Betreuer zu finden, die die Abschlussarbeit im Betrieb unterstützen. Erfahrungsgemäß ist es mit dieser Variante auch leichter möglich, „unbürokratisch" eine entsprechende Arbeit zu beginnen. Da die Personen bereits bekannt sind, hat man auch eher Chancen als „richtiger Mitarbeiter" gelten zu dürfen. Was einen Vorteil für kollegiale Beziehungen darstellt, kann jedoch einen Nachteil für die eigene Forschung bedeuten, wenn kritische Aspekte aus Rücksichtnahme unbearbeitet bleiben. Vorteilhaft sind jedenfalls die regelmäßig niedrigeren Barrieren hinsichtlich des Zugangs zu Personen und Daten bei zugleich erster Vertrautheit mit den Spielregeln vor Ort. Wer bereits das „Hintergrundrauschen" und die leisen „Zwischentöne" in einem Betrieb kennengelernt hat, versteht es, soziale Dynamiken leichter einzuordnen.

Stipendien Stipendien sind finanzielle Unterstützungsleistungen, die im akademischen Umfeld zu den begehrtesten Fördermodellen zählen. Im hochschulischen Bereich sind Stipendien, die für akademische Leistungen gewährt werden, ein Instrument der Begabtenförderung. Neben den klassischen, großen Begabtenförderwerken, die politischer, kirchlicher oder weltanschaulich-neutraler Art sind, bestehen an Hochschulen regionale Förderangebote. Darunter befinden sich auch solche, die speziell auf die Abschlussphase zugeschnitten sind. Auch Unternehmen und Verbände gewähren Stipendien. Eine Übersicht bietet das Bundesbildungsministerium: https://stipendienlotse.de.

Duales Studium Duale Studiengänge werden an privaten Hochschulen und an Berufsakademien angeboten. Entsprechend verschieden sind die Regularien für Abschlussphase und Qualifikationsarbeiten. Die Studierenden finanzieren sich im dualen Studienkonzept regulär über ihre Ausbildung oder im Rahmen einer betrieblichen Weiterbildung (bspw. MBA-Studien) bei fortlaufender Berufstätigkeit. Da die Studienanteile stark betriebspraktisch geprägt sind, bestehen naturgemäß leichtere Zugänge zu einem Praxisfeld für die Abschlussarbeit.

Bewerbungsweg Dort wo keine Option besteht, direkte Kontakte in Anspruch zu nehmen, empfiehlt es sich, offizielle Ansprechpartner bei Betrieben zu kontaktieren; üblicherweise direkt bei der Personalabteilung, die im Internet über Adressdaten kontaktiert werden kann. In kleineren und behördlichen Einrichtungen muss ggf. der Weg über Sekretariate oder Poststellen gewählt werden, in der Hoffnung, an verantwortliche Personen zu gelangen. Die Praxis kann jedoch zeigen, dass nicht wenige Anfragen schon deshalb erfolglos bleiben, da die Informationen schlicht nicht dort hingelangen, wo kompetente Ansprechpartner entscheiden könnten.

Ist eine Kontaktperson gefunden, kommt es im Idealfall zu einer Kurzbewerbung. Sehr zu empfehlen ist es, nicht wahllos Anfragen mit kompletten Unterlagen an mehrere Organisationen zu senden (um nicht am Ende mehreren interessierten Stellen wieder absagen zu müssen).

Bei positiver Rückmeldung wird ein Exposé erforderlich, in dem skizzenhafte Ideen zu Thema und Umsetzung dargestellt sind. Erfahrungsgemäß können die ersten Informationen knapp bleiben, um tatsächliches Interesse erst einmal zu testen. Im Vorfeld sollte auch geklärt werden, ob das Arbeitsthema wirklich durch entsprechende Fachbereiche in der Organisation abgedeckt werden kann. Viele öffentliche Einrichtungen haben nicht die Struktur eines Unternehmens und können insofern nicht jedes Studiengebiet bedienen. Es dürfte als bewährt gelten, anhand der eigenen fachlichen Thematik nach der passenden Organisation zu suchen; es sei denn, die thematischen Möglichkeiten sind so offen gehalten, dass sich ganz verschiedene Bezüge anbieten.

In Zeiten hoher Standardisierung von Studiengängen lohnt es, frühzeitig hochschulspezifische Regularien zu beobachten. Nicht einmal innerhalb einzelner Fächer gibt es einheitliche Bestimmungen über die Gestaltung von Abschlussarbeiten. Wichtig erscheint es daher, zu prüfen, welche Module studiert wurden, welche Anzahl an Kreditpunkten vor der Abschlussarbeit erreicht sein muss, welche Begleitveranstaltungen zu belegen sind und wie lange die Bearbeitungszeit angesetzt ist.

Der Weg zu Betreuern und Themen ist in vielen Fächern keine selbstverständliche Privatsache. Mancherorts werden Themen zugeordnet oder per Losverfahren „verteilt", andernorts können werdende Absolventen nicht nur nach eigenen

Interessen wählen. Dementsprechend fällt auch die Absprache bezüglich einer Arbeit in Organisationen sehr verschieden aus. Vom wissenschaftlichen Standpunkt betrachtet sollte der individuelle Spielraum für eine maximal selbstständige und nach persönlichen Interessen gewählte Themenstellung genutzt werden. Sich Arbeitsthemen – wie mancherorts nicht unüblich – bequem vom Professor vorgeben zu lassen, ist nur auf den ersten Blick eine besonders angenehme Sache. Immerhin muss auch noch das Interesse für das Thema stimmen. Leicht an ein Thema „herangekommen" zu sein, kann auch zu verminderter Motivation führen.

Sofern offizielle Bestätigungen einer Betreuung durch Dozenten erforderlich sind, lohnt es, diese so schnell wie möglich einzuholen. Eine offizielle Betreuungsbestätigung kann im Betrieb die Motivation erhöhen, eine Abschlussarbeit zu genehmigen. Mitunter wird in Ausschreibungen darauf hingewiesen, dass Bewerber eine Betreuungsoption arrangieren sollen.

Vertrag und Vergütung Erfolgt eine Anstellung im Rahmen eines vergüteten Praktikums, wird ein Arbeitsvertrag aufgesetzt. Mit Einführung des Mindestlohngesetzes sind Vergütungsfragen eines Abschlusspraktikums relevant geworden. Handelt es sich um ein Pflichtpraktikum zu Ausbildungszwecken entfallen Lohnansprüche. In anderen Fällen können Mindestlöhne vorgeschrieben sein. Die gegenwärtige Rechtslage erfordert genaue Prüfung. Dort, wo eine Pflichttätigkeit besteht, wird im Regelfall ohnehin eine duale Beschäftigung vorliegen, die als Ausbildungsphase vergütet wird. Nähere Informationen gibt es beim Bürgerservice des Bundesarbeitsministeriums: mindestlohn@buergerservice.bund.de.

In vielen Unternehmen ist es gängig, Abschlussarbeiten in bestehende Praktika oder Werkstudenten-Jobs zu integrieren. Zumindest ist dies üblich, wenn Studierende bereits in der Organisation beschäftigt sind und nahtlos in die Abschlussphase wechseln. In anderen Fällen ist auch ein Werkvertrag möglich, der die genauen Bestandteile der Leistung für das Unternehmen regelt. Es liegt auf der Hand, dass eine so gestaltete Arbeit einen hohen Standardisierungsgrad aufweisen kann. Es ist bekannt, dass eine Reihe von Studierenden viel Vorstrukturierung gerade deshalb schätzen, um sich frühzeitig abzusichern und eine genaue Planung vor Augen zu haben. Dies entspricht zwar nicht immer den idealen freigeistigen Ansprüchen an selbstständige wissenschaftliche Arbeit, ist aber als gängige Praxis zu konstatieren.

Die Vorbereitung 2

2.1 Arbeitsgrundlage und Zielsetzungen

Vor jedem Abschlussprojekt eines Studiums steht die Frage der Ausrichtung der Arbeit. Vor ihrer Abschlussarbeit sprechen Studierende davon, sie wollen „etwas zu Marketing" oder „im Bereich Bildung" schreiben. Mit diesen groben Ausblicken ist eine erste vage Eingrenzung getroffen, die weiterer Zuspitzung bedarf.

Schreib- und Themenanlässe

Es besteht die Möglichkeit, dass die Arbeit aus einer genuin akademischen Fragestellung hervorgeht, auf der Basis vorheriger Auseinandersetzung mit Fachliteratur, Studien, spezieller Empirie; eine weitere besteht im Fall der Auftragsforschung. Hier gibt es zumeist präzisierte Themenvorgaben. Vor allem im Bereich stark anwendungsorientierter Studiengänge kommt dieser Fall häufiger vor. Generell sind technische Studienanlässe stärker an Auftragsuntersuchungen gekoppelt als dies im geistes- und sozialwissenschaftlichen Feld üblich wäre. Das liegt daran, dass technisch-naturwissenschaftliche Gebiete sich deutlich gegenstandsbezogener operationalisieren lassen, während schon die Behauptung von „Technologien" in Fächern wie Soziologie oder Anglistik ein Problem darstellt. Hier wird vor allem mit Konstrukten gearbeitet, die sich im Streit um Argumentation bewähren müssen.

Typische Gestaltungsformen der Abschlussarbeit

Auch hinsichtlich der Zielvorstellung sind diverse Formen für die Abschlussarbeit denkbar, die sich nur vereinfacht und unvollständig zusammenfassen lassen:

- Wirksamkeitsanalysen: Prüfung einer Technik, Software etc. hinsichtlich Effekten
- Analysen zum Zweck einer Verbesserung einzelner Prozesse oder Instrumente („Optimierungsstudien")

- Vergleichsarbeiten über Märkte, Verfahren etc.
- Implementierungen: Abläufe oder Techniken werden eingeführt
- Konzeptionelle Entwürfe: Skizzierung einer Vorgehensweise
- Theoretisch-empirische Studien (Literatur- und Datenbearbeitung)

Zwar sind theoretische (und empirische) Inhalte Teil jeder Form von Abschlussarbeit, doch unterscheiden sich die Gewichtungen je nach Thema und Forschungsauftrag mitunter beträchtlich. Zu vielen Themen der Bildungs-, Sozial- und Wirtschaftswissenschaften gibt es umfängliche Datenbestände, deren kritische Auswertung sogar den eigentlichen Aufwand einer Arbeit darstellen kann. Als „sehr wissenschaftlich" gelten bei Studierenden besonders jene Texte, die hohen Aufwand an Literatursichtung erfordern und allenfalls am Rande auch noch etwas „für die Praxis" abwerfen. Tatsächlich aber sind Kreuzungen hinsichtlich der Gestaltungswege möglich. Eine „sehr wissenschaftliche" Arbeit kann sogar unbeabsichtigt zu praktisch interessanten Einsichten führen. Umgekehrt können Implementierungen in technisch angelegten Arbeiten eine aufwändige Datenauswertung erfordern. Die Unterscheidung von „praxisnah" und „sehr wissenschaftlich" wird pauschal getroffen. Jede Arbeit ist in ihrer Ganzheit zu betrachten.

Einbindung der Arbeit in die Organisation

Vor dem Hintergrund jeweiliger Zielrichtung sind entsprechend verschiedene Einbindungen in der Organisation möglich:

- Zum einen in der Form, dass die Organisation hinsichtlich einer Wirtschaftlichkeits- oder Funktionsprüfung betrachtet werden soll;
- zum anderen als wissenschaftlich gestützter Beratungsauftrag;
- schließlich als eigenständige Untersuchung ohne praktische Vorgaben.

Die verschiedenen Ausprägungen sind erfahrungsgemäß als Kontinuum von hoher bis niedriger Strukturierung durch die Organisation zu sehen. Generell gilt: Es ergeben sich folgenreiche Unterschiede bei der Anlage der Arbeit als Analyse vorwiegend *über* die Organisation oder als Analyse vorwiegend *für* die Organisation. So kann eine organisationstheoretische Studie zu Ergebnissen führen, die den Praktikern widersprechen oder sie provozieren. Umgekehrt kann eine im Marketing oder Controlling angelegte Arbeit das Ziel haben, den Praktikern Instrumente aufzuzeigen (Wording: „an die Hand zu geben"), für die Evidenz behauptet wird. Beide Szenarien finden in der Organisation statt, jedoch jeweils auf unterschiedliche Art und Weise. Selbst besonders praktisch intendierte Arbeiten werden gerne mit statistischen Methoden angereichert und stärker theoretisch-diskursiv gestaltete Texte erhalten inzwischen häufig eine Beigabe an „umsetzungsorientierten" Hilfen. Inwieweit dies am Ende wirklich in der Praxis zählt, ist eine andere Frage. In manchen Fächern ist die Umsetzungsseite sehr relevant. Das gilt zum Beispiel für Lehramtsstudiengänge, in denen der Schwerpunkt besonders auf didaktischen Analysen und Modellen ihrer Anwendungsdisziplin Pädagogik liegt. Ebenso werden auf betriebswirtschaftlichen Gebieten generelle kaufmännische Qualifikationen erworben, die auf breite Einsatzfähigkeit in Unternehmen ausgerichtet sind. In den letzten Jahren hat sich stärkere Anwendungs- und Berufsorientierung spürbar auch in anderen sozialwissenschaftlichen Studienfeldern bemerkbar gemacht. Inwiefern Hochschulen tatsächlich geeignet sind, berufspraktische Tätigkeiten in ihrer Lehre zu berücksichtigen und nachhaltig „für die Praxis" qualifizieren können, bleibt umstritten. Fest steht jedoch, dass sich dieser Trend erhöhter Berufsorientierung in der gesamten Hochschularchitektur und so auch auf die Themenwahl in den Abschlussphasen auswirkt.

Unterstützungsstrukturen

Es ist zu sehen, dass besonders „praktisch" gemeinte Arbeiten eine ausgeprägte Unterstützung durch die Organisation erfahren, in vielen Fällen verbunden mit einem womöglich eigenen Arbeitsplatz, Ressourcen und auch den vielen informellen Hilfen, z. B. Kennenlernen auskunftsfreudiger Mitarbeiter oder interessante Gespräche zwischen Tür und Flur, die Hintergrundinformationen bieten und zu Beobachtungen anregen. Zuweilen wird gerade in diesem Praxiskontakt der nächste Impuls für eine analytische Überlegung gewonnen. „Augen auf" ist hierzu eine einfache, aber treffende Faustregel. Es ist nur von Vorteil, bei den Beschäftigten im Verdacht zu stehen, einen nützlichen Beitrag liefern zu können. Damit verbunden ist nämlich die Annahme, dass der Studierende auch wirklich „richtig" arbeitet. Die wissenschaftliche Tätigkeit braucht Akzeptanz. Klugerweise kann man unerwartet in die Rolle eines kleinen „Projektleiters" schlüpfen, wird bemerkt, dass es in Organisationen vor allem zählt, klare Verantwortungen für Themen zu adressieren (Wording: jemand „hat den Hut auf"). Der Praktikant mit seiner Abschlussarbeit lässt sich für viele Beschäftigte nicht genau einordnen. Allein die Präsenz wird darauf hindeuten, dass er nicht ganz aufgabenlos ist. Diese latente Unklarheit kann man sich strategisch zunutze machen (vgl. Bachmann 2002).

Allerdings gibt es in der Organisationspraxis das Problem, dass spannende Details, das „Hintergrundrauschen", mit den vorhandenen Ressourcen einer studentischen Arbeit ab einem gewissen Grad kaum zu bewältigen sind. Je mehr die wissenschaftlichen Interessen an einer gründlichen Ausforschung angetroffener Strukturen hervortreten, desto mehr geraten auch Fragen der Vertraulichkeit in den Vordergrund. Organisationen geben nicht gern die Macht aus der Hand; am liebsten geben sie Informationen über sich weiter, die ohnehin bekannt sind oder ohne große Mühe recherchiert werden könnten. Mit „Enttarnung" können sie nachvollziehbar schlecht umgehen und schützen sich daher frühzeitig mithilfe allerlei sichtbarer (und auch weniger sichtbarer) Grenzen des Zugangs zu internen Vorgängen. Soziale „Tiefenbohrung" wird oftmals als nicht sehr relevant für die eigene Praxis erachtet (oder man fürchtet ihre Ergebnisse), da in der Analyse sozialer Prozesse keine Optimierung, sondern eher ein akademisches Gedankenspiel gesehen wird. Auch gibt es natürlich ein Interesse daran, inoffizielle Taktiken und Kontakte im eigenen Haus diskret zu behandeln. Die Sorge gerade größerer Organisationen besteht darin, dass zwielichtige Details in die Öffentlichkeit gelangen könnten. Sie rührt daher, dass man hinter vorgehaltener Hand um die Intransparenz unerwünschter personeller Aktivitäten nicht selten sogar weiß und nach der Maxime verfährt, soviel wie möglich weiterhin intransparent zu halten (vgl. Kühl 2011).

Bei größeren Forschungsarbeiten können diese Probleme gelegentlich umschifft oder doch gehemmt werden. Mit der Zeit bilden sich ergiebige Erfahrungen und Taktiken bei Wissenschaftlern heraus. Die „alten Hasen" der Forschung finden Umwege, um an Informationen zu gelangen, die für die analytische Betrachtung erforderlich sind. Und ihr Standing, ihr Alter, ihr grau-melierter Gelehrtencharme gegenüber Managern ist manchmal sehr von Vorteil. Dazu braucht es eine gewisse Unabhängigkeit, die für Absolventen nicht ohne Einschränkungen erwartet werden kann. In der studentischen Forschung wird man daher selbst austesten müssen, bis zu welchen Grenzen Informationen zu gewinnen sind und empirische Urteile vertretbar erscheinen, ohne sich gleich in der ganzen Abteilung eines Unternehmens unbeliebt zu machen.

2.2 (K)eine Qual bei der Wahl: Themensuche

Die Festlegung auf ein bestimmtes Thema für die Abschlussarbeit kann – wie bereits angesprochen – auf unterschiedliche Weise erfolgen (zu den folgenden Ausführungen: Röbken 2005). Ausgangspunkt der Überlegungen sollten die eigenen Fähigkeiten und Interessen sein. Ein naheliegender Weg ist es daher, aus dem eigenen Erfahrungsschatz ein Thema zu bilden. Wenn bspw. im Studium ein Schwerpunktthema gewählt und bereits Hausarbeiten zu einem jeweiligen Fachgebiet verfasst wurden, bietet es sich an, hierauf aufzubauen. Unter diesen Umständen wird es relativ leicht fallen, in die Theorie- und Methodendiskussion einzudringen und aus den Forschungslücken, kontroversen Debatten oder Widersprüchen eine Themenstellung abzuleiten. Bei der Wahl des Themas kann letztendlich auch die spätere Berufswahl eine Rolle spielen, denn die Abschlussarbeit kann bei der Einstellungsentscheidung des zukünftigen Arbeitgebers von Bedeutung sein.

2.2 (K)eine Qual bei der Wahl: Themensuche

Auch über Kontakte zu anderen Personen (oder Organisationen) kann ein Thema für eine Abschlussarbeit gefunden werden. Ein Gespräch mit dem Betreuer der Arbeit ist eine wichtige Quelle für die Themenfindung. Eine weitere Hilfe bilden Abschluss- und Doktorandenkolloquien, in denen man sich von laufenden Forschungsarbeiten inspirieren lassen kann. Etwas aufwändiger ist der Besuch von Konferenzen und Tagungen. Hier werden aktuelle Forschungsvorhaben eines Themenfeldes vorgestellt, und es könnte sich die Möglichkeit ergeben, mit der eigenen Arbeit an eine laufende Forschungsfrage anzuknüpfen oder gar in einem bestehenden Projekt mitzuarbeiten. Bei der Anfertigung einer praxisbezogenen Arbeit in einem Betrieb ist darauf zu achten, nicht nur für praktische Hilfstätigkeiten eingespannt zu werden, sondern, dass sich das Projekt auch wissenschaftlich bearbeiten lässt und methodischen Standards genügt. Es bedarf im Betrieb vielfältiger Einblicke in Abläufe, ausreichender Zeit für die Manuskripterstellung und Rücksprache mit den Experten vor Ort (vgl. Brink 2004, S. 16).

Schließlich kann über eine Literaturrecherche ein Thema generiert werden. In Zeitschriftenaufsätzen, in denen empirische Forschungsarbeiten präsentiert werden, formulieren die Autoren am Ende weiteren Forschungsbedarf, da die empirischen Ergebnisse stets Fragen offen lassen. Auch in Übersichtsartikeln, in denen der aktuelle Forschungsstand einer Disziplin dargestellt wird, finden sich mannigfaltige Anregungen. Ähnliches gilt für kürzlich erschienene Dissertations- und Habilitationsschriften.

In den abschließenden Ausführungen der jeweiligen Arbeit finden sich Kapitel wie „Ausblick" oder „zukünftiger Forschungsbedarf", auf deren Basis eine eigene Themenstellung abzuleiten ist. Es besteht natürlich auch die Möglichkeit, bei der Literaturauswertung selbst auf Widersprüche zu stoßen und diese als Anlass für eine Analyse zu nehmen. Ebenso können bestehende Studien oder Theorien auf ein anderes Themenfeld übertragen werden. So ist es möglich, dass Studien zum Handlungsspielraum von Führungspersonen in industriellen Großorganisationen (z. B. die Studie von Lieberson und O'Connor 1972) als Grundlage für eine Studie zur Analyse des Handlungsspielraumes von Managern in kleinen und mittelständischen Unternehmen herangezogen werden. Oder man wählt Mintzbergs (1973) berühmte Arbeitsaktivitätsstudie und entwickelt ein Untersuchungsdesign für eine Arbeitsaktivitätsstudie von Unternehmensgründern. Insgesamt bieten sich schier unerschöpfliche Möglichkeiten, auf der Grundlage vorhandener Informationen eigene Forschung zu betreiben.

Überblick relevanter Aspekte für die Themenbearbeitung:

- fachliche und methodische Präferenzen
- organisatorische und inhaltliche Vorgaben
- zeitliche Kapazitäten

- Zugriff auf Vorarbeiten bzw. thematische Anschlussmöglichkeiten
- Abschätzung der individuellen Leistungsstärke und -bereitschaft
- wissenschaftliche Ambitionen

Auch die Abstimmung des Themas erfordert ein gewisses Maß an Plan. Neben den üblichen Betreuern in den Hochschulen ist der Koordinationsaufwand in der Organisation zu beachten.

2.3 Empirische und theoretische Aspekte

Zu den geläufigsten Typen der Abschlussarbeit zählen die Theoriearbeit, die empirische Arbeit, die historische sowie die konzeptionelle Arbeit (zu den folgenden Ausführungen: Röbken 2005). Die Abschlussarbeit, die in einer Organisation angefertigt wird, ist in der Regel empirisch oder konzeptionell ausgerichtet. Der Vollständigkeit halber sollen alternative Herangehensweisen kurz erläutert werden. Für die Anfertigung einer empirischen Arbeit in Organisationen werden in Kap. 4 noch einmal detailliert gängige Forschungsmethoden in Organisationen vorgestellt.

Theoriearbeit

Eine theoretische Arbeit erfolgt, wenn ein abstraktes Problem behandelt werden soll. Hier könnte man sich zum Ziel setzen, verschiedene organisationstheoretische Strömungen, die bisher über mehrere Texte verstreut waren, zu systematisieren. Das wäre eine typische Übersichtsarbeit, auch „kompilatorische Arbeit" genannt (Eco 2005, S. 8). Damit wird gezeigt, dass der Absolvent kritisch von einem Großteil der Literatur auf einem bestimmten Theoriegebiet Kenntnis genommen hat. Der Schreiber wertet die wissenschaftliche Fragestellung durch die Bearbeitung der relevanten Fachliteratur aus, setzt verschiedene Positionen in Relation zueinander und gibt dem Leser einen Überblick über das betreffende Feld. Beispielhaft dafür wäre etwa eine Zusammenstellung von Ursachen für Widerstände gegen Veränderungen in Organisationen. Hierbei würden die Ursachen für Widerstände systematisiert und kontrastiert. Daraus ließen sich womöglich Folgerungen für Managementhandeln in Wandelprozessen ableiten.

Empirische Arbeit

In einer empirischen Arbeit wird das in Bezug auf eine Fragestellung erforderliche Datenmaterial selbst produziert. Da bereits Zugang zur Organisation besteht, stammt das Datenmaterial mitunter direkt aus ihr. Die eigene Erhebung ist zugleich die originellste Quelle wissenschaftlicher Arbeit. Sie beruht daher in der Regel auf eigenständiger Forschung, weil andere Forscher zur selben Fragestellung und in der ausgewählten Organisation noch nichts verfasst haben. Zu den üblichen Forschungsstrategien zählen die Fragebogentechnik, das Interview, die Beobachtung und die Dokumentenanalyse. Empirische Untersuchungen eignen sich, wenn z. B. die Wirksamkeit von Personalentwicklungsmaßnahmen überprüft werden soll. Weitere Beispiele wären eine Befragung von Kunden zur Zufriedenheit mit einem Produkt oder die teilnehmende Beobachtung zwecks Analyse der Entscheidungsfindung in Organisationen.

Konzeptionelle Arbeit
Diese Art der Forschungsarbeit wird manchmal auch zu den theoretischen Arbeiten gezählt. Der Schwerpunkt liegt hier weniger auf dem Zusammentragen und kritischen Betrachten theoretischer Ansätze, sondern auf der Konzeptionierung eines eigenen Modells oder einer eigenen Forschungsmethode. Diese Art der Forschung kommt in Frage, wenn bspw. ein Marketingkonzept für einen Softwarehersteller oder ein Qualitätsmanagement für ein Krankenhaus entwickelt werden soll.

Historische Arbeit
In einer historischen Arbeit erfolgt die Bearbeitung der Fragestellung, indem geschichtliche Epochen rekonstruiert oder gesellschaftliche Bewegungen, Institutionen oder individuelle Biografien nachgezeichnet werden. Historische Fragestellungen sind auch für organisationsbezogene Themen interessant. Eine historische Arbeit kommt für eine Abschlussarbeit in Organisationen dann in Betracht, wenn z. B. mittels einer Dokumentenanalyse die Entstehungsgeschichte eines Unternehmens in der Chemieindustrie untersucht werden soll.

Kombinationen
Darüber hinaus sind zahlreiche Mischformen denkbar. So lässt sich z. B. eine theoretische Arbeit verfassen und als Ergänzung noch eine empirische Untersuchung in Form einer Fallstudie in einer Organisation anfügen. Allerdings muss man sich vor Überfrachtungen hüten. Theoretische Arbeiten können enorm umfangreich sein und einen erheblichen Zeitaufwand bedeuten. Bei der Gestaltung einer empirischen Arbeit fallen in der Regel noch zusätzliche Arbeitsschritte an. Dazu zählen bspw. die Entwicklung des Untersuchungsdesigns, die Auswahl der Untersuchungseinheiten, die Datenerhebung sowie die Auswertung des Materials. Zudem werden bei der Anfertigung einer empirischen Arbeit entsprechende Methodenkenntnisse vorausgesetzt. Man könnte sich möglicherweise in Bedrängnis bringen, wenn eine empirische Arbeit beabsichtigt ist und Daten mithilfe von Interviews erhoben werden müssen, obwohl noch keine Methodenkenntnisse der qualitativen Sozialforschung erworben wurden. Ratsam ist es daher, sich frühzeitig Gedanken über das Thema der Abschlussarbeit zu machen und den Vorlauf an Zeit für den eigenen notwendigen Erwerb instrumenteller Fachkenntnissen, vor allem in Methodenfragen, abzuschätzen.

2.4 Begriff der Organisation

Der Begriff der Organisation wird im Kontext von Arbeit in Firmen oder Verwaltungen sehr unterschiedlich verwendet. Mit den Worten der Organisationstheoretiker Alfred Kieser und Peter Walgenbach bezeichnen Organisationen „soziale Gebilde, die dauerhaft ein Ziel verfolgen und eine formale Struktur aufweisen, mit deren Hilfe Aktivitäten der Mitglieder auf das verfolgte Ziel ausgerichtet werden sollen" (Kieser und Walgenbach 2010, S. 6 – im Original kursiv, MS/HR).

Wird eine bestimmte Organisation, ein einzelnes Unternehmen analysiert, oder sollen verschiedene Organisationen betrachtet werden? Geht es um eine Erforschung von Firmen, Schulen, Verwaltungen im Sinne der „ganzen" Organisation, oder stehen einzelne Instrumente und Techniken im Mittelpunkt?

Diese Abgrenzungen führen zu verschiedenen Formen des Forschungsdesigns. Zu beachten ist, dass unterschiedliche Organisationstypen (Unternehmen, Schule, Krankenhaus, Kirche, Verein etc.) mit unterschiedlichen Organisationsformen und -abläufen einhergehen und dementsprechende Besonderheiten für die Gestaltung der Abschlussarbeit ergeben.

> **Typen der Organisation (und auch in ihr…)**
> Wer sich einen soliden Begriff von „seiner" Organisation machen will, kann sich z. B. über das *Handbuch Organisationstypen* von Maja Apelt und Veronika Tacke (2012) informieren. Der Band umfasst für eine Vielzahl von Organisationstypen (Behörde, Unternehmen, Schule etc.) profunde Darstellungen aus organisationstheoretischer Perspektive. Einen elementaren Zugang zum Feld der Organisationen bietet die *sehr kurze Einführung* von Stefan Kühl (2011), die gerade vor der praktischen Phase im Betrieb zu empfehlen ist.

In den Bildungs-, Sozial- und Wirtschaftswissenschaften bestehen sehr verschiedene Zugänge zum Gegenstand der Organisation und dessen theoretischen Implikationen. Entsprechend jeweiliger Ausrichtung der Arbeit sollte die relevante Begriffssprache der eigenen Disziplin beachtet werden. Abschlussarbeiten ragen positiv hervor, wenn es dem Autor gelingt, Sachverhalte seines Themas in sehr präziser Weise zu beobachten und zu beschreiben. Gleichwohl hat Kürze dann keine Würze, wenn sie mit einem Mangel an Reflexionsvermögen einhergeht.

Nicht selten kommt es vor, dass innerhalb von Abschlussarbeiten eindimensionale und vereinfachte Definitionen bzw. Darstellungen vertreten werden, die inhaltliche Differenzierung vermissen lassen. Für eine Arbeit zum Thema Organisationen, sei es zu Fragen der Unternehmensentwicklung, des Change Managements oder der Reform von Bildungseinrichtungen etc., lohnt möglichst präzise organisationswissenschaftliche Recherche, um geeignete Ansätze zu identifizieren und das für wissenschaftliche Gründlichkeit so wichtige Verknüpfungswissen aufzubauen. Einen für Einsteiger guten Überblick zur organisationswissenschaftlichen Theorievielfalt bieten u. a. Breisig 2015, S. 1–51; Preisendörfer 2011; Kieser und Walgenbach 2010, S. 31–70).

2.5 Besonderheiten der Studiengänge

Je nach Fach ergeben sich verschiedene inhaltliche Gestaltungsformen und auch verschiedene Zielsetzungen. Betriebswirtschaftliche Studienarbeiten werden primär mit Blick auf einen spezifischen praktischen Anwendungs- oder Verwertungsbezug konzipiert. Der dominierende Organisationstyp ist sicher das privatwirtschaftliche Unternehmen. Die Analysen sind auf spezifische Bereichsthemen (neue Software im Controlling, Entwicklung einer Absatzstrategie, Erschließung von Vertriebskanälen, Konzeption eines Auswahlverfahrens etc.) angelegt oder setzen sich mit übergreifenden Fragen der Unternehmenssteuerung auseinander (Wirkung von Managementkonzepten und Führungsprinzipien, Gestaltung der Geschäftsprozesse etc.).

Sozialwissenschaftliche Fragestellungen der Soziologie, Politologie oder Psychologie sind in aller Regel wenig bzw. nur mittelbar an ökonomischer Effizienz interessiert. Ihre fachliche Substanz liegt in Analysen zu Kooperationen, Beziehungen, kommunikativen Abläufen, Aspekten der Entscheidungsbildung und Macht in Organisationen. Hieraus können sich unterschiedliche Anschlussmöglichkeiten für betriebliche Einsatzfelder ergeben.

Praktika im Rahmen von Lehramts- und pädagogischen Studiengängen sind naheliegend auf Visitationen in Schulen und pädagogischen Einrichtungen ausgerichtet. Insofern spielen didaktische oder die Schulorganisation, Schulfächer und den Lehrerberuf betreffende Fragen eine zentrale Rolle. Außerschulische Forschungsorte sind die Erwachsenenbildung, die berufliche Weiterbildung sowie die Personalarbeit.

Durchführung und Betreuung der Arbeit 3

3.1 Betreuungsformen und Ansprechpartner

In aller Regel wird innerhalb der gewählten Organisation eine Betreuungsperson zur Verfügung gestellt. Als Betreuungsperson von Seiten der Betriebe kommen Mitarbeiter direkt aus der jeweiligen Fachabteilung in Frage. Meist werden sie als „Mentoren" ausgewiesen, die bei Fragen und Problemen zur Arbeit, soweit sie den Ablauf und die Angelegenheiten der Organisation betreffen, helfen sollen. Mentoren nützen aber auch, wenn weitere Kontaktpersonen gewonnen werden sollen, etwa für Interviews oder Beobachtungen in verschiedenen Ressorts. Insofern ist gerade eine feste Anlaufstelle für jegliche Kommunikation, die intern mit der Arbeit in Zusammenhang steht, nützlich. Als Verbindungsstelle können von dort aus Kontakte ermöglicht werden, zu denen man selbst keinen direkten Zugang erhält.

Es spricht viel dafür, einen dezidiert „guten Kontakt" zum jeweiligen Ansprechpartner zu pflegen. Praktische Erfahrungen zeigen, dass es hilfreich ist, weitestgehend von sich aus aktiv zu werden. So lässt sich damit unterstreichen, dass die Arbeit nicht als bloße Pflichtübung, sondern als eine engagierte Tätigkeit verstanden wird. Dieser Aspekt kann in Organisationen positiv auffallen, da Arbeitseinsatz ohnehin vorausgesetzt wird und an sich noch keine Anerkennung erfährt. Ferner kann mit einem „proaktiven" Herangehen tendenziell mehr eigene Gestaltungsmacht über den Arbeitsprozess gewonnen werden. Man gibt die Zügel nicht aus der Hand. Je mehr eigene Tätigkeiten im Voraus und je mehr Kommunikation regelmäßig ohne Aufforderung erfolgen, desto eher wird für alle Beteiligten der Eindruck aufkommen, dass die Arbeit läuft. Dabei sind auch ein gewisses Maß an Selbstbewusstsein und ein souveräner Auftritt hilfreich.

Wie intensiv und verbindlich der Kontakt besteht, ist unterschiedlich. Möglich sind sowohl Szenarien, in denen regelmäßige, fortlaufende Berichte vorgesehen sind als auch lockere Treffen. Kleine Organisationen strahlen häufig persönliche „Lockerheit" aus, während große besonders viele Standards, Vorgaben und informelle Reglements wahren. Je mehr Standardisierung in Betrieben anzutreffen ist, desto mehr werden Kontrollmechanismen in der Regel nicht nur zu beobachten, sondern auch bei der eigenen Arbeit zu spüren sein.

3.2 Präsenz im Betrieb

Zu Beginn der Abschlussarbeit steht die Frage, mit welcher eigenen Verfügbarkeit im Betrieb diese einhergeht. Die Antwort wird unter anderem davon abhängig sein, ob die Arbeit im Rahmen eines zeitlich knapp begrenzten Praktikums erfolgt, im Rahmen einer Werkstudentenbeschäftigung platziert werden kann, oder in Form einer ausschließlich externen Arbeit ohne Anstellung.

Zu bedenken ist, ob noch weitere Arbeiten während einer möglichen, parallelen Beschäftigung anfallen. Viele Praktikanten und Werkstudenten erledigen ihre Abschlussarbeit neben der sonstigen studentischen Mitarbeit in Betrieben. Es ist dabei aber nicht überall zu erwarten, dass angemessene zeitliche Kapazitäten für die Abschlussarbeit eingeräumt werden. Allerdings sind mitunter relativ komfortable Bedingungen anzutreffen, wenn Studierende besonders freizügig über ihre Arbeits- und Zeitplanung verfügen können oder nur wenig gesonderte Arbeit zu leisten haben, aber dennoch eine fortlaufende Vergütung erhalten. Die Abschlussarbeit wird so zur gut bezahlten Leistung.

Doch auch wenn ausschließlich die eigene Abschlussarbeit zu erledigen ist und man über viel Zeitsouveränität im Unternehmen verfügt, ist es sicherlich nicht gerade verkehrt, bei anfallenden Tätigkeiten gelegentlich mitzuhelfen. Dies ist keineswegs als „Einschmeichelung" zu verstehen, sondern schlicht als Aufmerksamkeit, die den sozialen Zugang erleichtert. Da Praktikanten vielfach als „Externe" gesehen werden, die vielleicht in der Organisation etwas analysieren, aber in den Augen der Mitglieder noch keine „richtige" Arbeit erledigen, hilft engagiertes Auftreten, sich eine gewisse Akzeptanz zu erarbeiten. Zumindest ist dies eine Beobachtung gegenüber Fällen, in denen Studierende sich zurückziehen und von den übrigen Beschäftigten als „Exoten" wahrgenommen werden. In vielen Fällen wird begrenzte Mitarbeit, so sie nicht vereinbart ist, für die eigene Arbeit von Vorteil sein; gerade dann, wenn es darum geht, Abläufe, Entscheidungen und Personen und ihre Verhaltensweisen zu erfassen. Mitarbeit kann eine Möglichkeit bieten, das Geschehen sozusagen „hautnah" mitzuverfolgen.

Aus der Organisationsforschung ist bekannt, dass Tätigkeiten im Betrieb mit wissenschaftlichem Zweck durchaus zu Irritationen und vielleicht sogar Ablehnung

3.2 Präsenz im Betrieb

bei jenen führen können, die üblicherweise vor Ort ungestört ihrer Arbeit nachzugehen pflegen. Sie sehen sich leicht als „Beschattete" und haben Sorge, skeptisch beäugt zu werden. Auch entsteht zuweilen der Eindruck, der Juniorforscher sei vielleicht ein Spitzel der Personalabteilung oder von Führungskräften.

Es kann für den Forschungsprozess daher förderlich sein, keine übermäßige Distanz zu suchen, sondern sich bereitwillig als vorläufig gastierendes Mitglied der Organisation zu begreifen. Allerdings ist diese dezente Integration nicht als Vereinnahmung wünschenswert. Bevorzugungen einzelner Personen sollten unterlassen werden, da auch das Verhältnis zu „persönlichen Lieblingen" in der Organisation intensiv beobachtet wird. Ein – wenn man so sagen kann – ausgewogener Umgang mit allen Personen erscheint ratsam; wiewohl sich natürlich Kontakte besserer Art zu gewissen Personen allein schon wegen der natürlichen Sympathieentwicklung ergeben mögen.

Auch das eigene Verhalten sollte kritisch beäugt werden. So schwer das Maß gebotener Distanz zu bestimmen ist, so offensichtlich sind Szenarien vorstellbar, in denen es der Analyse an Unabhängigkeit mangelt, da sich der Schreiber einer Loyalität verpflichtet sieht, die mit dem wissenschaftlichen Erkenntnisanspruch in Konflikt gerät. Derartige Situationen sind nie völlig auszuschließen und werden immer wieder in der Praxis auch von Forschern auftreten. Durch Reflexion lassen sich aber hoffentlich eigene Grenzziehungen bewerkstelligen.

Sehr vorteilhaft erscheinen vielen Studierenden Arbeitsformen, die einen flexiblen Umgang mit der Arbeitszeit erlauben und eher wenig an Präsenzvorgaben gebunden sind, also über Absprache mit den Betreuern vor Ort geregelt werden. Natürlich gibt es nicht wenige Fälle, in denen ein rigider geprägtes Zeitreglement üblich ist. Inwiefern unter diesen Bedingungen Arbeitsziele erreicht werden können und die Arbeitsmotivation beständig bleibt, wird individuell zu betrachten sein.

Die Erfahrungen mit Abschlussarbeiten zeigen, dass produktive und kreative Arbeitsleistung nicht per Knopfdruck abgerufen werden kann. Die wissenschaftliche Arbeitstätigkeit unterscheidet sich von vielen klassisch administrativen Tätigkeitsprozessen in jenen Organisationen, die untersucht werden sollen und die zumeist auf ein reguliertes Tagwerk und „Ablieferung" von „Produkten" ausgerichtet sind. Kreative Tätigkeiten bedürfen der Muße. Das fortlaufende „Runterschreiben" der Arbeitskapitel nach dem Muster eilig gebastelter PowerPoint-Präsentationen verspricht wenig Mehrwert. Es sei denn, es dient zunächst einem Brainstorming. Hiernach bedarf es einer sorgfältigen Redigierung, welche weit über reine Fehlerkorrektur und grammatikalische Richtigkeit hinausgeht. Schon in Hausarbeiten während des Studiums trennt sich gerade an diesem Punkt, zugespitzt formuliert, die Spreu vom Weizen. Früher oder später leidet die Qualität, sind die Schreibprozesse zu hastig und zu wenig mit Bedacht vonstatten gegangen. Lesephasen, großzügige Puffer für Korrekturen, Ergänzungen, Gesprächsnotizen,

Umplatzierungen und Streichungen offenbaren einen eher etwas „chaotischen" als durchgängig strukturierten Arbeitsprozess.

Dieses produktive „Schreib-Chaos" ist durchaus eine Rückversicherung für solide Texte, da im konfusen Hin und Her der Tätigkeiten vieles mehrfach „durchgekaut", überprüft und stetig verfeinert wird. Viele Korrekturschleifen tilgen versteckte Fehlermasse und immer wieder noch zu entdeckende Redundanzen. Ohnehin ist bei größeren Arbeiten mit flexiblen Terminanpassungen des individuellen Arbeitsplans zu rechnen. Gleichwohl lohnt es, einen Arbeitsplan zur eigenen Orientierung zu erstellen. Dieser ist für die Arbeitsmotivation hilfreich.

3.3 Sonderfall: Kooperative Abschlussarbeiten

Jede engere Zusammenarbeit im Studium setzt ein hohes Maß an Vertrauen voraus, sollen gegenseitige Erwartungen an eine gemeinsame Leistungsbereitschaft nicht enttäuscht werden. Man kennt die berüchtigten, wenig erbaulichen Beispiele aus der Gruppenarbeit, wie sie heute in vielen Studiengängen mit entsprechendem Frust der Beteiligten betrieben wird. Fehler werden ungern offen angesprochen, da ansonsten persönliche Eskalation droht.

Im besten Fall werden natürlich die Beteiligten den Wunsch haben, gemeinsam einen vergleichbaren Arbeitseinsatz zu leisten. Offensichtliche Leistungsunterschiede – besser gesagt: Unterschiede im Engagement – führen zu Konflikten. Und auch Konkurrenzbefindlichkeiten beim „Brillieren" sind alles andere als unwahrscheinlich. Nötig ist eine Abgrenzung der Arbeitsanteile im Falle kooperativer Arbeiten. Das ist für die an der Arbeit Beteiligten letztendlich nur wünschenswert, um sich nicht gegenseitig ins Gehege zu kommen und die Gewähr einer überprüfbaren Leistung zu haben.

Allerdings ist auch ein Ende nach dem Muster „Mitgegangen – mitgehangen" denkbar, wird nicht nur nach gleichem Arbeitsaufwand, sondern auch gleicher Bewertung verfahren. Es wäre ungünstig, in einer gemeinsamen Abschlussarbeit vor allen Augen festzustellen, dass die Zusammenarbeit nicht funktioniert. Im Arbeitsalltag wird heute eifrig das „Teamwork"-Mantra verfochten. Entsprechende Differenzen, die nicht überwunden werden können, kommen eher weniger gut an. Frühzeitig können Chancen und Risiken einer Kooperation gemeinsam abgewogen werden.

Der Forschungsprozess im Überblick 4

Bevor die unterschiedlichen methodischen Zugänge präsentiert werden, beschreiben wir zunächst die Grobstruktur einer Abschlussarbeit in einer Organisation. Dieser – natürlich nur idealtypische – Rahmen lässt sich auf qualitative, quantitative oder gemischt-methodische Arbeiten anwenden. Im Folgenden beschränken wir uns auf eine sehr kompakte Darstellung. Für diese haben wir uns bewusst entschieden, da aus Studiengängen immer wieder die Rückmeldung zu hören ist, dass bis zur Abschlussarbeit empirische Kenntnisse nur äußerst lückenhaft vorhanden sind. In diversen Fächern existieren empirische Einführungen überhaupt nicht. Ausführliche Darstellungen einer Abschlussarbeit finden sich u. a. bei Eco (2005) und Karmasin und Ribing (2010). Die einzelnen Stadien der empirischen Forschung sind – schematisch – in Abb. 4.1 aufgeführt.

1. Entwicklung der Problemstellung: Die Fixierung einer Fragestellung kann auf unterschiedliche Weise erfolgen. So kann man über eigene Erfahrungen in einer Organisation auf ein Informationsdefizit oder ein Problem stoßen, durch Kontakte zu anderen Personen oder auf Basis einer Literaturrecherche können Lücken oder Widersprüche aufgedeckt werden. Ausgangspunkt jeder wissenschaftlichen Arbeit ist ein Problem bzw. eine Fragestellung, welche/s im Falle einer Abschlussarbeit in einer Organisation mit selbstständig recherchierten Daten bearbeitet wird.
2. Theoretischer Rahmen: Hier sichtet der Forscher das vorhandene theoretische und empirische Wissen zur gewählten Thematik. Bei quantitativen Untersuchungen werden typischerweise bekannte Theorien oder Hypothesen getestet; qualitative Untersuchungsdesigns werden hingegen eher dort eingesetzt, wo bisher noch keine oder nur wenige Erkenntnisse zur Thematik vorliegen. Entsprechend weniger strukturiert ist das zur Verfügung stehende theoretische Wissen. Mit der theoretischen Phase wird die Fragestellung weiter eingegrenzt.

> **Arbeitsphasen des empirischen Forschungsprozesses**
>
> 1. Entwicklung der Problem- und Fragestellung
> 2. Theoretischer Rahmen
> 3. Methodisches Vorgehen
>   3.1 Forschungsdesign
>   3.2 Auswahl der Untersuchungseinheit
>   3.3 Datenerhebung
>   3.4 Datenauswertung
> 4. Darstellung der Ergebnisse
> 5. Diskussion, Fazit und Ausblick

Abb. 4.1 Forschungsprozess (schematisch)

3. Methodisches Vorgehen: Hier legt der Forscher den methodischen Zugang fest (qualitativ, quantitativ, Mischformen), wählt ein Forschungsdesign aus (etwa eine Fallstudie oder eine Umfrage) und begründet, warum die betreffende Einrichtung für die Forschungsfrage ausgewählt wurde (Auswahl der Untersuchungseinheit). Das kann z. B. dadurch geschehen, dass aufgrund eines Praktikums ein besonders guter Zugang zum Forschungsfeld besteht oder das Unternehmen für das Thema Organisationswandel einen besonders interessanten Fall bietet (z. B. die Implementierung eines Controlling-Systems). Im Methodenteil werden zudem die Erhebungsmethoden beschrieben (etwa Befragung oder Interview). Je nachdem, ob sich der Forscher für einen eher quantitativen oder qualitativen Zugang entscheidet, kommen unterschiedliche Instrumente und Verfahren zum Einsatz. Schließlich müssen Überlegungen darüber angestellt werden, wie die Daten ausgewertet werden sollen (qualitative Analyse vs. Statistik).
4. Darstellung der Ergebnisse: Hier werden die Ergebnisse zunächst beschrieben. Bei quantitativen Erhebungen kann sehr gut mit Tabellen und Grafiken gearbeitet werden. Qualitative Daten können zusammengefasst wiedergegeben und auch mit Originalzitaten belegt werden.
5. Diskussion und Fazit: In diesem Teil werden die Ergebnisse der Untersuchung auf Basis vorhandener Theorien oder anderer empirischer Studien reflektiert, erklärt und in einen größeren Zusammenhang gebracht. Im Fazit nimmt der Forscher noch einmal Bezug zur Fragestellung und beantwortet diese auf Basis der Forschungsergebnisse. Es werden aber auch Limitationen der eigenen Forschung oder Hindernisse während der Forschung aufgezeigt.

4.1 Die Wahl der Methoden

Abhängig von der Auswahl der Problemstellung des geplanten Forschungsprojektes eignen sich verschiedene Methoden der empirischen Sozialforschung (zu den folgenden Ausführungen: Röbken 2011). Grundsätzlich werden zwei Forschungsrichtungen unterschieden: quantitative und qualitative Forschungsmethoden, die im Weiteren kurz voneinander abgegrenzt werden sollen.

Grundsätzlich gilt die quantitative Forschung als eher objektbezogen; sie ist bemüht, Erklärungen und Ursache-Wirkungs-Zusammenhänge zu identifizieren, während die qualitativen Ansätze eher interpretativ vorgehen und das subjektbezogene Verstehen in den Vordergrund rücken (vgl. Lamnek 2010). Weitere typische Besonderheiten beziehen sich bspw. auf das Untersuchungsfeld (Labor vs. natürliche Umgebung), die Datenform (numerisch vs. textbasiert) oder die Auswertungsmethodik (statistisch vs. interpretativ). Abb. 4.2 zeigt eine zusammenfassende Gegenüberstellung der unterschiedlichen Forschungsrichtungen.

Bei der quantitativen Forschung gilt die soziale Realität als objektiv mit kontrollierten Methoden erfassbar. Ziel ist es, Verhalten in Form von Modellen, Zusammenhängen und numerischen Daten möglichst genau zu beschreiben und vorhersagbar zu machen. Das Verhalten wird in messbare Einheiten zerlegt (elementaristische Vorgehensweise) und als Beobachtungseinheit definiert. Die quantitative empirische Forschung will theoriegeleitet Daten sammeln (deduktives Vorgehen), die Gütekriterien (Objektivität, Reliabilität und Validität) genügen müssen und die primär der Prüfung der vorangestellten Theorien und Hypothesen dienen.

Ziel der qualitativen Forschung ist es, die Wirklichkeit anhand der subjektiven Sicht der relevanten Akteure abzubilden und so mögliche Ursachen für deren Verhalten nachzuvollziehen und das Verhalten zu verstehen (vgl. Wolf und Priebe 2000). Statt einer großen Fallzahl zeichnet sich die qualitative Forschung durch eine stärkere Subjektbezogenheit aus, d. h. der Hauptuntersuchungsgegenstand ist immer das menschliche Subjekt. Um Verzerrungen der Ergebnisse durch zu starre theoretische Vorannahmen und standardisierte Untersuchungsinstrumente zu vermeiden, präferiert die qualitative Forschung den direkten Zugang zu den betreffenden Subjekten (z. B. über persönliche Interviews).

Die Untersuchung in alltäglicher Umgebung (holistische Herangehensweise) ist ein wesentliches Merkmal dieser Forschungsrichtung. Sie dient dazu, potenzielle Verzerrungen zu verringern und möglichst nahe an der Alltagssituation der Akteure anzuknüpfen. Auch zeichnen sich die theoretischen Vorannahmen und Erhebungsinstrumente durch eine größere Offenheit aus. Damit ist es möglich, flexibel auf unvorhersehbare, bislang unbekannte Aspekte reagieren zu können (emergente Flexibilität). Eine weitere Besonderheit liegt in der Datenauswertung,

Quantitative Forschung	Qualitative Forschung
Labor	Natürliche Umgebung
Elementaristisch	Holistisch
Deduktives Vorgehen	Induktives Vorgehen
Festlegung der Vorgehensweise vor Untersuchungsbeginn	Emergente Flexibilität des Designs
Ziel: Kausalerklärung	Ziel: Beschreibung, Verstehen
Numerische Daten	Interpretationsbedürftige Daten
Standardisierte, objektive Messinstrumente	Forschende als „Messinstrumente"
Statistische Verallgemeinerung	Theoretische Verallgemeinerung
Gütekriterien der Objektivität, Reliabilität und Validität	Gütekriterium der Validität sowie ergänzende qualitative Kriterien

Abb. 4.2 Unterschiede zwischen quantitativer und qualitativer Forschung, in Anlehnung an Hussy et al. (2010)

die typischerweise interpretativ erfolgt. Die Annahme ist, dass die Untersuchungsgegenstände von vornherein mit subjektiven Absichten belegt sind, wodurch sich für verschiedene Akteure immer wieder andere Bedeutungen ergeben können (vgl. Mayring 2002, S. 25 ff.).

Eine wichtige Unterscheidung im Rahmen empirischer Forschungsmethoden ist die zwischen Erhebungstechnik und Auswertungsverfahren. In Abb. 4.3 sind qualitative sowie quantitative Forschungsdesigns, Erhebungstechniken und Auswertungsverfahren gegenübergestellt. Einige Designs können beiden Richtungen zugeordnet werden. Insgesamt ist die Unterscheidung idealtypisch zu verstehen; Mischformen kommen in der Forschung relativ regelmäßig zum Zuge.

Qualitativ	sowohl als auch	Quantitativ
Forschungsdesigns		
Einzelfallanalyse	Dokumentenanalyse	Experiment (Anspruch auf Kausalanalyse – Kontroll-/Versuchsgruppe)
Feldforschung	Handlungs-/Aktionsforschung	Umfrageforschung
Grounded Theory	Evaluationsforschung	Korrelationsstudie
Erhebungstechniken		
Narratives Interview	Beobachtung	Zählung
Gruppendiskussion	Fragebogen	Messung
	Leitfadeninterviews	
Auswertungsverfahren		
Objektive Hermeneutik	Codierung	Univariate und multivariate Deskriptivstatistik
Grounded Theory	Qualitative Inhaltsanalyse	Inferenzstatistik

Abb. 4.3 Übersicht ausgewählter Forschungsdesigns, Erhebungstechniken und Auswertungsverfahren, in Anlehnung an Müller und Haeger (2010), S. 35

4.2 Erhebungsphase und Dokumentation

Bei der Datenerhebung geht es darum, das Verhalten von Akteuren (Personen, Abteilungen, Organisationen) zu erfassen, entweder in numerischer (quantitativer) oder in textbasierter (qualitativer) Form.

Beobachten Beobachtungen sind ein wesentlicher Teil des täglichen Lebens. Im Gegensatz zu den alltäglichen werden wissenschaftliche Beobachtungen systematisch und nach vorab definierten Regeln durchgeführt. Beobachtungsverfahren lassen sich unterscheiden nach dem Grad der Standardisierung, dem die Erfassung der Beobachtungen unterworfen ist. In natürlichen Situationen (Büro, Klassenzimmer, Einkaufspassage usw.) kommen häufig standardisierte Codierschemata zum Einsatz, in die die beobachtende Person Einträge macht (Art, Frequenz und Länge der Beteiligung einzelner Personen am Gruppengeschehen). Es können aber auch qualitative Beobachtungsdaten gewonnen werden, etwa durch einen Feldforschungsansatz, bei dem der Forscher Feldnotizen macht, Memos anfertigt, Protokolle schreibt, die keinem vorgefertigten Kategorienschema folgen. Im ersten Fall haben wir es mit einem eher standardisierten, im zweiten mit einem explorativen Design zu tun.

Befragung und Rating Lassen sich die relevanten Sachverhalte nicht direkt beobachten, besteht die Möglichkeit, die Subjekte zu befragen und so Auskunft über Einstellungen, Gefühle, Motive oder Erinnerungen zu erhalten (vgl. Hussy et al. 2010, S. 69). Zu diesem Zweck werden in der empirischen Sozialforschung Befragungen durchgeführt – entweder in schriftlicher (postalisch oder per E-Mail) oder mündlicher (telefonisch oder persönlich) Form. In der Regel erfordert die Befragung über einen schriftlichen Fragebogen mehr Vorwissen über den Gegenstand als ein offenes Interview, weil der Forscher die Antwortalternativen bereits antizipieren muss. Bei der Formulierung von Fragen sollten einige Aspekte berücksichtigt werden, die in Abb. 4.4 überblicksartig dargestellt sind.

Eine spezielle Form der Befragung ist das Rating, bei dem die Befragten Beurteilungen zu bestimmten Sachverhalten auf Skalen vornehmen. Hier beurteilt ein Subjekt (ein Mitarbeiter) einen Gegenstand (z. B. ein Produkt) hinsichtlich eines bestimmten Merkmals (z. B. Haltbarkeit) auf einer Skala von 1 (niedrige Haltbarkeit) bis 5 (hohe Haltbarkeit). Die Fragen werden auch als Items bezeichnet. Darunter versteht man eine als Frage oder Urteil formulierte Aussage, zu der sich der Befragte zustimmend oder ablehnend äußern kann. Abb. 4.5 präsentiert wesentliche Aspekte, die bei der Konstruktion von Skalen zu berücksichtigen sind (vgl. Hussy et al. 2010, S. 70 ff.).

In eher qualitativ ausgerichteten Forschungsprojekten werden die Daten vielfach über Interviews erhoben, z. B. in Form eines Leitfadeninterviews. Hierbei handelt es sich um ein teilstandardisiertes Interview. Das heißt, dass während des Gesprächsverlaufes die Fragen nach Bedarf angepasst werden können. Der Leitfaden dient bei der Interviewführung als Strukturierungshilfe. Man kombiniert also Systematik mit Flexibilität. Im Leitfadeninterview werden typischerweise drei verschiedene Fragearten gestellt (vgl. Hussy et al. 2010, S. 216):

4.2 Erhebungsphase und Dokumentation

Die Fragen sollten...

- einfach und gut verständlich formuliert sein (keine Fachbegriffe, verschachtelten Sätze oder komplizierten Sachverhalte)
- adressatenorientiert formuliert sein, also an die Sprachgewohnheiten der Zielgruppe angepasst sein
- keine Verneinungen enthalten
- nicht überfrachtet sein
- nicht so gestellt sein, dass die Befragten alle ähnlich darauf antworten
- einen unmittelbaren Bezug zur Thematik haben (nicht mehrere Fragen für ein und denselben Sachverhalt stellen)
- geordnet sein (nicht mit besonders schwierigen Fragen, sondern mit einer Warm-up-Phase beginnen)

Abb. 4.4 Fragebogendesign, vgl. Hussy et al. (2010), S. 73–74

- Einleitende Fragen: Hier geht es darum, eine angenehme Gesprächsatmosphäre zu schaffen und mit dem Befragten „warm" zu werden.
- Leitfadenfragen: Diese Fragen machen den Kernbestandteil des Interviews aus. Die relevanten Fragen werden vorab in strukturierter Form festgehalten.
- Ad-hoc-Fragen: Diese Fragen werden vorab nicht geplant, sondern ergeben sich spontan aus dem Gespräch heraus.

Um hochwertige Daten mittels eines Leitfadeninterviews erheben zu können, hat Kvale (1996) zehn Kriterien für einen erfolgreichen Interviewer formuliert:

1. Wissen (knowledgeable): Der Interviewer kennt sich sehr gut mit dem Fokus des Interviews aus.
2. Struktur (structuring): Der Interviewer gibt das Ziel des Interviews an, rundet ab und erkundigt sich, ob der Interviewte Fragen hat.
3. Klarheit (clear): Einfache, klare, kurze Fragen stellen. Keine Fachsprache verwenden.
4. Behutsamkeit (gentle): Personen ausreden lassen, Zeit zum Nachdenken geben, Pausen tolerieren.
5. Einfühlsamkeit (sensitive): Genau hinhören, was der Befragte sagt; emphatischer Umgang mit dem Befragten.
6. Offenheit (open): Auf die Reaktionen des Befragten eingehen und flexibel sein.
7. Steuerung (steering): Der Interviewer weiß, was er oder sie herausfinden will.

> - Es ist zu überlegen, ob die Items als Frage („Unterstützen Sie das neue Controlling-System?") oder Aussage („Ich unterstütze das neue Controlling-System.") formuliert werden sollen.
> - Eine Skala kann im Hinblick auf einen Pol (unipolar) oder bipolar (Pol und Gegenpol) formuliert sein. Unipolare Skalen adressieren nur ein Merkmal von geringer bis starker Ausprägung (wenig Aufwand ... viel Aufwand), während bipolare Skalen immer einen Gegensatz beinhalten (z. B. links ... rechts; ruhig ... angespannt). Bipolare Skalen eignen sich z. B. wenn der Gegensatz eines Begriffs unklar ist (z. B. „schüchtern").
> - Eine geeignete Anzahl der Abstufungen muss festgelegt werden. Ratingskalen können wenige Abstufungen umfassen (z. B. drei) oder viele (20 oder mehr). Eine zu geringe Anzahl bildet möglicherweise Unterschiede nicht differenziert genug ab, während viele Stufen die Beurteilungskapazität der Befragten übersteigen können. In der Praxis haben sich vier- bis neunstufige Skalen bewährt.
> - Es stellt sich die Frage, ob eine gerade oder eine ungerade Anzahl von Abstufungen gewählt werden soll. Bei einer geraden Anzahl zwingt man die Befragten zu einem Urteil, während bei einer ungeraden Anzahl auch eine neutrale Beurteilungskategorie zur Verfügung steht. Letztere weist den Nachteil auf, dass sie möglicherweise überproportional häufig gewählt wird und die Antworten dann nicht eindeutig interpretiert werden können. Eine neutrale Beurteilung könnte auf Gleichgültigkeit oder Bequemlichkeit hindeuten, aber auch Ausdruck von Ambivalenz im Hinblick auf die Frage sein.
> - Schließlich ist zu fragen, wie die Abstufungen gekennzeichnet werden sollen. Sie können mit numerischen, verbalen oder grafischen Zeichen (z. B. Smileys) versehen werden. Zahlen haben den Vorteil, dass sie eindeutig und die Abstände zwischen den Stufen gleichgroß sind. Grafische und verbale Bezeichnungen sind hingegen für die Befragten häufig leichter zu verstehen.

Abb. 4.5 Skalenbildung, vgl. Hussy et al. (2010), S. 73 ff.

8. Kritischer Standpunkt (critical): Der Interviewer ist darauf vorbereitet, das Gesagte zu hinterfragen und Widersprüche aufzudecken.
9. Erinnerung (remembering): Er kann Rückbezüge zum bereits Gesagten herstellen.
10. Interpretation (interpreting): Das Gesagte wird geklärt und die Bedeutung expliziert, ohne Meinungen aufzudrängen.

Eine weitere Möglichkeit, Daten auf sprachlicher Ebene zu generieren, ist die Gruppendiskussion. Während in einer Interviewsituation typischerweise ein Forscher und ein Befragter interagieren, erlaubt es diese Erhebungsmethode, mehrere

4.2 Erhebungsphase und Dokumentation

Befragte gleichzeitig in die Untersuchung mit einzubeziehen. Die Gruppendiskussion eignet sich dafür, kollektive Meinungen oder Einstellungen zu erheben (vgl. Hussy et al. 2010, S. 221). So werden Vorurteile weniger in Einzelgesprächen als vielmehr in Gruppen benannt, in denen sich die Diskussion emotional auflädt und Einstellungen eher offenbart werden. In gut geführten Gruppendiskussionen können Ängste und emotionale Blockaden leichter durchbrochen werden, sodass die Beteiligten bereitwilliger ihre Einstellungen darlegen.

Mit der Gruppendiskussion sind einige Herausforderungen aus methodischer Sicht verbunden. So werden vom Forscher besondere Moderationsfähigkeiten verlangt, weil die Gruppeninteraktion in der Regel deutlich komplexer ist als ein individuelles Interview. Zudem sind die erhobenen Daten schwieriger zu transkribieren und analysieren, weil schnell sehr viele Daten in der Gruppe entwickelt werden können. Es können sich darüber hinaus Zuordnungsprobleme bei den einzelnen Äußerungen und Verständnisschwierigkeiten aufgrund simultaner Redebeiträge ergeben. Auch die Organisation einer Gruppendiskussion ist in der Regel komplizierter, da viele Teilnehmer zusammen koordiniert werden müssen. Schließlich besteht die Gefahr, dass es zu gruppendynamischen Effekten kommt, bei denen dominierende Akteure den Diskussionsverlauf bestimmen und andere Meinungen unterdrückt werden (vgl. Bryman 2008, S. 488–489).

Auswertungsverfahren und Codierung Liegt das Datenmaterial vor, muss entschieden werden, mit welchen Auswertungsverfahren die qualitativen und quantitativen Daten bearbeitet werden sollen. Zur Auswertung qualitativer Daten wird häufig die Codierung herangezogen; quantitative Daten werden typischerweise mithilfe der deskriptiven, bivariaten oder multivariaten Statistik ausgewertet. Aufgrund der gebotenen Kürze werden diese Methoden nur überblicksartig präsentiert und zugleich wird auf Lehrbücher zur Thematik verwiesen.

Ein weit verbreitetes Verfahren zur Analyse qualitativer Daten ist die Codierung. Ziel ist es, das Material unter einer ganz spezifischen Fragestellung zu analysieren. Bspw. sucht der Forscher nach bestimmten „Codes" oder Etikettierungen, die den Text auf einer abstrakteren Ebene beschreiben. So könnte ein Interviewausschnitt nach verschiedenen Formen des Organisationswiderstandes bei der Implementierung von Managementinstrumenten codiert werden. Einer Textstelle wird z. B. das Bedeutungsetikett „finanzielle Belastung" angeheftet, einer anderen Textstelle das Etikett „Angst vor Machtverlust". Während der Analyse der Texteinheit kann der Forscher am Textrand die Themen oder Etiketten vermerken, um die es in den Äußerungen geht. Häufig erfolgt der Codierungsprozess induktiv, d. h., die Codierungen werden aus dem Text heraus abgeleitet. Im Verlauf der Analyse entsteht ein Bedeutungsgeflecht, in dem Querbezüge zwischen Textbestandteilen hergestellt werden, denen der gleiche Code zugewiesen wurde. Diese Methode eignet sich zur Zusammenfassung des Textmaterials, indem die Originalaussagen auf ein abstrakteres Niveau gehoben werden. Darüber hinaus kann die Codierung auch in einer explorativ-datenerweiternden Variante angewendet werden. Hier wird an die einzelnen Codes zusätzliches Material herangetragen, um neue Gesichtspunkte des Materials zu erfassen. So könnte auch nach dem gegenteiligen Code und dessen Bedeutung gefragt werden oder es könnten Voraussetzungen und Folgen des Codes untersucht werden, sodass das originale Textmaterial auf Basis zusätzlicher Materialien und Fragen angereichert wird.

Bei quantitativen Daten werden typischerweise statistische Auswertungen vorgenommen, bspw. zu erhobenen demografischen Variablen und zu den offenen und geschlossenen Fragen. Unter den zahlreichen Lehrwerken hierzu haben wir – neben anderen – eine kleine Auswahl (Brosius 2008; Bortz 2010; Backhaus et al. 2011) im Literaturverzeichnis aufgeführt.

Der Arbeitsabschluss 5

Betriebsgeheimnis und Datenschutz Ein wichtiges Thema ist der Umgang mit etwaigen Sperrvorschriften bzw. Sperrvermerken, die von Seiten der jeweiligen Organisationen vorgegeben werden können, um das Betriebsgeheimnis und den Datenschutz zu wahren. Demnach dürfen die Texte nur von den jeweiligen Prüfern bzw. Betreuern gelesen werden. Diese Vorgabe kann sich auf Teile oder die gesamte Arbeit beziehen, was auch Kritik hervorruft, da es zum Wesen wissenschaftlicher Arbeiten gehört, ihren Inhalt prinzipiell überall einsehen und veröffentlichen zu dürfen. Die jeweiligen Bestimmungen können im Falle von Auftragsforschungen vor Ort mit dem Betrieb ausgehandelt werden. Möglich ist die Vereinbarung einer teilweisen Sperrung sensibler Daten, die Reputations- oder Wettbewerbsschäden nach sich ziehen könnten.

Für allgemein gehaltene wissenschaftliche Kapitel, insbesondere Theoriematerial, ist jedoch auch mit besten Gründen keine Geheimhaltungspflicht zu rechtfertigen. Grundsätzlich ist zu klären, ob in der Arbeit überhaupt konkrete Daten über die jeweilige Organisation verwendet werden sollen. Anonymität ist beinahe der Regelfall. Nur so können sensible Informationen in geschützter Form einer wissenschaftlich interessierten Öffentlichkeit zugänglich gemacht werden, ohne Personen oder Organisationen „vorzuführen". Gelegentlich soll es natürlich auch vorkommen, dass Abschlussarbeiten „nicht zugänglich in den Stahlschränken des Unternehmens und der Universität" (Kühl 2003, S. 11) verschwinden, da die Befunde für die Mitglieder der Organisation nicht gerade erfreulich sind.

Fertigstellung Gerade in größeren Organisationen haben Absolventen den Vorteil, ihre Arbeiten „inhouse" fertigstellen zu lassen. Hausdruckereien drucken und binden die Arbeit komplett und erfahrungsgemäß viele auf Rechnung des Hauses. Die Anzahl der Exemplare kann höher ausfallen, da nicht nur das Prüfungsamt und zwei Gutachter der Hochschule, sondern auch mindestens der betriebliche

Betreuer oder die beteiligten Fachabteilungen, die thematisch oder personell in die Arbeit einbezogen waren, Arbeiten erhalten. Zwar ist die finanzielle Beteiligung oder komplette Kostenübernahme durch Organisationen üblich, aber darauf ist kein Verlass.

Präsentation der Arbeit Auch ist es verbreitet üblich, dass Absolventen ihre Ergebnisse vor Ort präsentieren. In der Praxis bieten sich dafür verschiedene Anlässe an: ein Abteilungsmeeting, ein Workshop oder Sitzungen der Geschäftsführung. Ob dies gewünscht ist, wird man in der Organisation kommunizieren. Es versteht sich von selbst, dass auf den Adressatenkreis (Praktiker) zu achten ist und vielmals eine pointierte Präsentation gewinnt. Hilfreich ist es, auf die Belange vor Ort einzugehen; das heißt mögliche Arbeitsaufträge hinsichtlich einer betrieblichen Problemstellung zu beachten.

Management Summary Daneben kann ein Management Summary bei Abgabe der Arbeit angefügt werden. Das Management Summary ist ein knapp gehaltenes Thesenpapier, welches zentrale Ergebnisse der Arbeit auf ein bis zwei Seiten übersichtlich zusammenstellt. Überlegungen zu sogenannten – wie heute überall zu lesen ist – „praktischen Implikationen" sind gern gesehen. Mit Blick auf eine wissenschaftliche Begrenzung der Befunde wird es jedoch angemessen sein, praktisch orientierte Schlussfolgerungen sparsam – mit gebotener Vorsicht vor Pathos und allzu simplen Antworten – zu behaupten.

Es hat sich als galanter Weg erwiesen, die praktische Relevanz mit neuen Fragestellungen zu verbinden. Die Annahme, Praktiker sehnten sich nach „klaren Ansagen" aus der Welt der Wissenschaft ist zwar verbreitet, doch auch etwas naiv. Allzu forsche Hinweise, was zu tun sei, können auch als überheblich wahrgenommen werden. Mit vermeintlichen „Erfolgsfaktoren" lässt sich zwar schnell für Stimmung sorgen, die empirische Basis ist aber in vielen Fällen dünn. Anders gesprochen: Der Modus der wissenschaftlich behaupteten Praxisempfehlungen ist der Konjunktiv. Oder für die Musiker: Man spielt moderato, nicht presto.

> **Exkurs: Von Erfolgsfaktoren und Erfolgsmythen**
> Die viel beschworenen, durch Wissenschaftler verkündeten „Erfolgsfaktoren" in der Organisationsführung werden in der Forschung seit längerer Zeit kritisch betrachtet. In vielen anwendungsorientierten Studien wird heute von den „Erfolgsfaktoren" für Organisationspraktiken und Managementkon-

zepte gesprochen. Eine aufschlussreiche Analyse haben die Management-Professoren Alfred Kieser und Alexander Nicolai (2002) präsentiert. Sie können zeigen, wie fragwürdig die Herleitungen für angebliche Erfolgsfaktoren zustande kommen und auch, dass es zum Wesen anwendungsorientierter Disziplinen wie den Wirtschaftswissenschaften gehört, Erfolgsbeiträge zu behaupten, um damit die eigene Legitimation des Faches für Praktiker zu unterstreichen. Lesenswert – und nach wie vor aktuell ist außerdem im Rahmen jedes Organisationspraktikums der Aufsatz *Moden und Mythen des Organisierens* (1996) von Alfred Kieser sowie dessen Buch *Wissenschaft und Beratung* (2002).

6 Vom souveränen Umgang mit Fassaden – und der Praxis des praktischen Nutzens der Arbeit

Unser sehr kurzer Überblick schließt mit ein paar – vielleicht „persönlichen" – Anmerkungen, die zu einer selbstbewussten und gelassenen Hospitation im jeweiligen Organisationsumfeld ermutigen sollen.

Tätigkeiten in einer unbekannten Organisation sind mit Grübelei darüber verbunden, wie es dort zugehen mag und welche Ansprüche und Bedingungen einem begegnen werden. Besonders Studierende stellen sich entsprechende Fragen. Denn erstens ist für eine Vielzahl der sogenannten „traditionell Studierenden" (Studium im Anschluss an die Schulzeit) ein Organisationspraktikum die erste praktische Tätigkeit in einem Unternehmen, die unmittelbar mit einer formalen Qualifikation in Zusammenhang steht. Sie unterscheidet sich dadurch von beliebten studentischen Nebenjobs. Ausgenommen von dieser Betrachtung sind natürlich Dualstudierende, weiterbildende Studierende und Studierende mit Berufsausbildung.

Bei Problemen sind sowohl Hochschule als auch Organisation erste Anlaufstellen. Hier hat ein Ansprechpartner in der Organisation seinen Nutzen, wenn er idealerweise ins Vertrauen gezogen werden kann. Es gibt gerade unter Neuankömmlingen in Organisationen die Neigung, kleine Fehler, Petitessen, selbst viel kritischer zu sehen als das Umfeld diese wahrnimmt. Daher empfiehlt sich die Ermutigung, „sportlich" in neue Organisationen hinein zu gehen. Arbeitsorganisationen sind keine Kathedralen, in der jeder Schritt auf heiligem Boden mit gestrengen Augen verfolgt würde. Fehlerneigung kann gerade dadurch begünstigt werden, dass Fehlervermeidung bis aufs Höchste getrieben wird. Kurioserweise führt ausufernde Vorsicht nicht selten zu Ausrutschern. Im Übrigen erwecken viele der guten Ratschläge zum Auftreten in Organisationen heute den Anschein, eher zu Konformismus zu ermutigen, anstatt den eigenen, persönlichen Stil zu bestärken.

Organisationen präsentieren sich auf ihrer Schauseite besonders korrekt und wollen sich den Anschein absoluter Regeltreue geben (vgl. Brunsson 1989). Unternehmen gewinnen durch diese „Fassade" Legitimation aus ihrer Umwelt, ihren relevanten Bezugsfeldern, von Interessenten, Teilhabern etc. (vgl. Luhmann 1964; Meyer und Rowan 1977; Kieser und Walgenbach 2007; Kühl 2011, 2015b). Sie sichern sich über den Eindruck der Konformität Ressourcen. Große, reputierliche Wirtschaftsbetriebe wie auch kleine Unternehmen brauchen viel Schein um viel zu sein.

Doch das Innenleben der Organisation hat natürlich Fehler und Störungen. Es ist sehr wahrscheinlich, dass man auch in sogenannten „Top-Firmen" früher oder später auf heikle „Stories" aufmerksam wird und unerwartet Mitwisserschaft erhält. In der Praxis der Organisation vermischen sich personelle und sachliche Themen weitaus mehr, als es die internen Akteure offiziell zugeben würden. Formelle und informelle Abläufe verfilzen regelrecht. Mit dem Begriff der Mikropolitik lassen sich diese Vorgänge in Organisationen prägnant beschreiben (vgl. Bosetzky 1972; Crozier und Friedberg 1979; Küpper und Ortmann 1988; Schütz 2015).

Wissenschaftliche Arbeit drückt sich in kleinen Schritten von eher übersichtlicher Tragweite aus. Dies ist für eine Bachelor- oder Masterthesis nicht anders als für Konzeptpapiere, Projektideen, Modellvorhaben etc., die von Referenten und Sachbearbeitern in Betrieben laufend produziert werden. Ihre Umsetzung ist an die Unsicherheit wirtschaftlicher und sozialer Bedingungen, Interessen und personeller Machtverteilung gebunden. Dies bedeutet keine Abwertung der Arbeiten. Es gelten schlicht die harten Regeln der Aufmerksamkeitsökonomie. So ist es möglich, dass manche Vorschläge unmittelbar, andere später und eine ganze Reihe niemals zur Umsetzung kommen. Organisationen neigen zur Produktion von Informationsüberfluss, auch wenn aus ihnen zu hören ist, man arbeite strikt effizient (Stichwort Schauseite). Auch sehr praktisch erscheinende Vorschläge landen in vielen Fällen in der Schublade. Denn in Organisationen wird viel „gemacht" – wodurch nicht zuletzt ein Großteil des beschäftigten Personals seine Legitimation sicherstellt. Und viel von dem Gemachten wird einfach auch wieder vergessen. Der Soziologe Niklas Luhmann hat auf die Problematik der „hohen Vergessensquoten" in Arbeitsprozessen hingewiesen (vgl. Luhmann 2011, S. 273).

Und denoch: Fast jede Arbeit erlaubt eine Verbindung zwischen Adressatenbezug und eher allgemeinerer Ausrichtung. Transferpotenziale außerhalb der bestimmten Organisation sind möglich. Voraussetzung ist, dass diese schon im Arbeitsprozess berücksichtigt werden. Zumindest aus akademischer Sicht wäre ein Abschlusspraktikum aber sehr einseitig und im Hinblick auf die eigenen Forschungserfahrungen und Erkenntnisse gleichförmig – um nicht zu sagen unspannend –, ginge es am Ende nur darum, mit möglichst wenig Aufwand ein Arbeitsprodukt abzuliefern.

Was Sie aus diesem Essential mitnehmen können

- Sie haben sich mit den spezifischen Besonderheiten einer Abschlussarbeit im Umfeld einer Organisation vertraut gemacht.
- Sie kennen verschiedene Wege, um Ihre Abschlussarbeit innerhalb eines konkreten betrieblichen Umfeldes anzufertigen.
- Sie haben verstanden, dass Organisationen komplexe soziale Gebilde darstellen, die je nach Ausrichtung Ihrer Arbeit Anlass für unterschiedliche Interpretationen bzw. „Lesarten" eines Betriebes bieten können.
- Sie wissen, welche Beratungs- und Kontaktstellen im Rahmen einer betrieblich eingebundenen Abschlussarbeit für Sie von Nutzen sein können.
- Sie verfügen über einen ersten Überblick hinsichtlich der vielfältigen methodischen Gestaltungsformen, die Ihnen bei der Planung und Anfertigung einer Arbeit zur Verfügung stehen.
- Sie können den Leitfaden auch als Orientierung für weiterführende, wichtige Quellen bzw. vertiefende Lektüre gebrauchen.

Literatur

Apelt, M. & Tacke, V. (Hrsg.). (2012). *Handbuch Organisationstypen*. Wiesbaden: Springer.
Bachmann, G. (2002). *Teilnehmende Beobachtung*. In S. Kühl & P. Strodtholz (Hrsg.), *Organisationsforschung. Ein Handbuch* (S. 323–360). Hamburg: Rowohlt.
Backhaus, K., Erichson, B., Plinke, W. & Weiber, R. (2011). *Multivariate Analysemethoden* (13. Aufl.). Berlin: Springer.
Bortz, J. (2010). *Statistik für Human- und Sozialwissenschaftler* (7. Aufl.). Berlin: Springer.
Bosetzky, H. (1972). Die instrumentelle Funktion der Beförderung. *Verwaltungsarchiv, 63,* 372–384.
Breisig, T. (2015). *Betriebliche Organisation. Organisatorische Grundlagen und Managementkonzepte* (2. Aufl.). Herne: NWB Verlag.
Brink, A. (2004). *Anfertigung wissenschaftlicher Arbeiten* (1. Aufl.). München: Oldenbourg.
Brosius, F. (2008). *SPSS 16 für Dummies* (2. Aufl.). Weinheim: Wiley-VCH Verlag.
Brunsson, N. (1989). *The organization of hypocrisy: Talk, decisions and actions in organization* (1. Aufl.). Chichester: Wiley.
Bryman, A. (2008). *Social research methods* (3. Aufl.). Oxford: Oxford University Press.
Eco, U. (2005). *Wie man eine wissenschaftliche Abschlußarbeit schreibt* (11. Aufl.). Stuttgart: C. F. Müller.
Hussy, W., Schreier, M. & Echterhoff, G. (2010). *Forschungsmethoden in Psychologie und Sozialwissenschaften* (1. Aufl.). Berlin: Springer.
Karmasin, M. & Ribing, R. (2010). *Die Gestaltung wissenschaftlicher Arbeiten* (5. Aufl.). Wien: facultas wuv.
Kieser, A. (1996). Moden & Mythen des Organisierens. Die Betriebswirtschaft. *Die Betriebswirtschaft, 56*(1), 21–39.
Kieser, A. (2002). *Wissenschaft und Beratung*. Heidelberg: Universitätsverlag Winter.
Kieser, A. & Nicolai, A. (2002). Trotz eklatanter Erfolglosigkeit: Die Erfolgsfaktorenforschung weiter auf Erfolgskurs. *Die Betriebswirtschaft, 62*(6), 579–596.
Kieser, A. & Walgenbach, P. (2010). *Organisation* (6. Aufl.). Stuttgart: Schäffer-Poeschel.
Kühl, S. (2003). Assessment-Center. Teures Alibi. *Management & Training, 30*(8), 11.
Kühl, S. (2011). *Organisation. Eine sehr kurze Einführung*. Wiesbaden: VS Verlag für Sozialwissenschaften.
Kühl, S. (2015a). Die publikationsorientierte Vermittlung von Schreibkompetenzen. *Soziologie, 44*(1), 56–77.

Kühl, S. (2015b). *Sisyphos im Management: Die vergebliche Suche nach der optimalen Organisationsstruktur*. Frankfurt: Campus Verlag a. M.

Küpper, W. & Ortmann, G. (Hrsg.). (1988). *Mikropolitik: Rationalität, Macht und Spiele in Organisationen* (1. Aufl.). Opladen: VS Verlag für Sozialwissenschaften.

Kvale, S. (1996). *Interviews: An introduction to qualitative research interviewing* (1. Aufl.). Thousand Oaks: SAGE Publications.

Lamnek, S. (2010). *Qualitative Sozialforschung* (5. Aufl.). Weinheim: Beltz.

Lieberson, S. & O'Connor, J. F. (1972). Leadership and organizational performance: A study of large corporations. *American Sociological Review, 37*(2), 117–130.

Luhmann, N. (1964). *Funktionen und Folgen formaler Organisation* (1. Aufl.). Berlin: Duncker & Humblot.

Luhmann, N. (2011). *Organisation und Entscheidung* (3. Aufl.). Wiesbaden: VS Verlag für Sozialwissenschaften.

Mayring, P. (2002). *Einführung in die qualitative Sozialforschung* (5. Aufl.). Weinheim: Beltz.

Meyer, J. W. & Rowan, B. (1977). Institutionalized organizations: Formal structure as myth and ceremony. *American Journal of Sociology, 83*(2), 340–363.

Mintzberg, H. (1973). *The nature of managerial work* (1. Aufl.). New York: Harper & Row.

Müller, M. & Haeger, K. S. (2010). *Qualitative Sozialforschung. Studienbrief für den weiterbildenden internetgestützten Studiengang Business Administration in kleineren und mittleren Unternehmen*. Oldenburg: o. V.

Preisendörfer, P. (2011). *Organisationssoziologie. Grundlagen, Theorien und Problemstellungen* (3. Aufl.). Wiesbaden: VS Verlag für Sozialwissenschaften.

Röbken, H. (2005). *Leitfaden zur Anfertigung wissenschaftlicher Abschlussarbeiten für den weiterbildenden internetgestützten Studiengang Business Administration in kleineren und mittleren Unternehmen*. Oldenburg: o. V.

Röbken, H. (2011). *Empirische Forschungsmethoden, Studienbrief für den Studiengang Innovationsmanagement*. Oldenburg: o. V.

Schimank, U. (2001). Organisationsgesellschaft. In G. Kneer, A. Nassehi, & M. Schroer (Hrsg.), *Klassische Gesellschaftsbegriffe der Soziologie* (S. 278–307). München: W. Fink.

Schütz, M. (24. Juli 2015). Die Macht der Mitarbeiter. *Frankfurter Rundschau, 17*.

Wolf, B. & Priebe, M. (2000). *Wissenschaftstheoretische Richtungen*. Landau: Verlag Empirische Pädagogik.

zenz zum Wissen.

rn Sie sich umfassendes Wirtschaftswissen mit Sofortzugriff
usende Fachbücher und Fachzeitschriften aus den Bereichen:
agement, Finance & Controlling, Business IT, Marketing,
c Relations, Vertrieb und Banking.

isiv für Leser von Springer-Fachbüchern: Testen Sie Springer
rofessionals 30 Tage unverbindlich. Nutzen Sie dazu im
llverlauf Ihren persönlichen Aktionscode C0005407 auf
springerprofessional.de/buchkunden/

**Jetzt
30 Tage
testen!**

Springer für Professionals.
Digitale Fachbibliothek. Themen-Scout. Knowledge-Manager.

- Zugriff auf tausende von Fachbüchern und Fachzeitschriften
- Selektion, Komprimierung und Verknüpfung relevanter Themen durch Fachredaktionen
- Tools zur persönlichen Wissensorganisation und Vernetzung

www.entschieden-intelligenter.de

ringer für Professionals

GPSR Compliance
The European Union's (EU) General Product Safety Regulation (GPSR) is a set
of rules that requires consumer products to be safe and our obligations to
ensure this.

If you have any concerns about our products, you can contact us on

ProductSafety@springernature.com

In case Publisher is established outside the EU, the EU authorized
representative is:

Springer Nature Customer Service Center GmbH
Europaplatz 3
69115 Heidelberg, Germany

www.ingramcontent.com/pod-product-compliance
Ingram Content Group UK Ltd.
Pitfield, Milton Keynes, MK11 3LW, UK
UKHW021324180426
11947UKWH00017B/1413